역사 속
세기의 로맨스

15 간디와 카스투르바

2015년 6월 8일 초판 1쇄 인쇄
2015년 6월 12일 초판 1쇄 발행

글 박시연 / 그림 유수미
펴낸이 이철규 / 펴낸곳 북스
편집 이은주 / 편집디자인 이지훈

편집부 02-336-7634 / 영업부 02-336-7613 / FAX 02-336-7614
홈페이지 http://www.vooxs.kr / 등록번호 제 313-2004-00245호 / 등록일자 2004년 10월 18일

주소 서울특별시 광진구 동일로 4길 32 2층
값 10,800원
ISBN 978-89-6519-080-6 74800
　　　978-89-6519-043-1 (세트)

잘못된 서적은 구입하신 서점에서 교환하여 드립니다.
이 책은 저작권법에 의해 보호를 받는 저작물이므로 불법 복제와
스캔 등 무단 전재 및 유포·공유를 금합니다.

이 도서의 국립중앙도서관 출판시도서목록(CIP)은 서지정보유통지원시스템 홈페이지(http://seoji.nl.go.kr)와
국가자료공동목록시스템(http://www.nl.go.kr/kolisnet)에서 이용하실 수 있습니다.
(CIP제어번호 : CIP2015015275)

역사 속 세기의 로맨스

15 간디와 카스투르바

글 박시연 그림 유수미

vooxs북스
BOOK IN YOUR LIFE

독자 여러분의 사랑과 관심 덕분에 '역사 속 세기의 로맨스' 1부를 무사히 끝마치게 되었습니다. 열 번이나 되는 과거로의 여행을 통해 사랑에 대한 특별한 깨달음을 얻게 된 이지가 결국 주노와도 사랑의 결실을 맺게 되어 참 다행이라고 생각합니다.

하지만 이대로 이야기를 마치기에는 왠지 아쉬움이 남았습니다. 아직도 우리가 알고 싶은 세기의 로맨스는 많이 남아 있기 때문입니다. 그래서 다시 새로운 로맨스를 찾는 여행을 떠나기로 결심했습니다.

이번 이야기에서는 새로운 주인공 리사와 선재가 등장합니다. 리사는 성북동의 으리으리한 저택에서 공주님처럼 살고 있는 사장님의 따님이고, 선재는 병에 걸려 입원한 아빠 대신 리사네 집에서 잡일을 도맡아 하는 어린 집사입니다. 두 사람은 같은 학교에 다니고 있는 친구이기도 합니다.

언뜻 봐선 환경이 너무 다른 두 사람 사이에서 무슨 로맨스가 생길까 싶습니다. 하지만 사랑이란 원래 엉뚱한 곳에서 갑작스럽게 생겨

나는 감정이 아닐까요? 평소 도도하고 콧대 높은 리사지만 늘 선량하고 헌신적인 선재에게 조금씩 마음이 끌리기 시작합니다. 게다가 리사에게도 신비한 책 '세기의 로맨스'가 찾아옵니다.

 이 책을 펼치는 순간 리사는 과거의 낯선 세계로 떨어져 역사에 남을 만한 사랑을 한 남녀 주인공을 만나게 됩니다. 그들과 함께 웃고 울며 사랑의 진정한 의미에 대한 깨달음을 얻어가는 리사.

 리사는 과연 선재를 진심으로 좋아할 수 있게 될까요?

 궁금하시다면 독자 여러분도 리사와 함께 세기의 로맨스를 찾는 여행을 떠나보시죠.

박시연

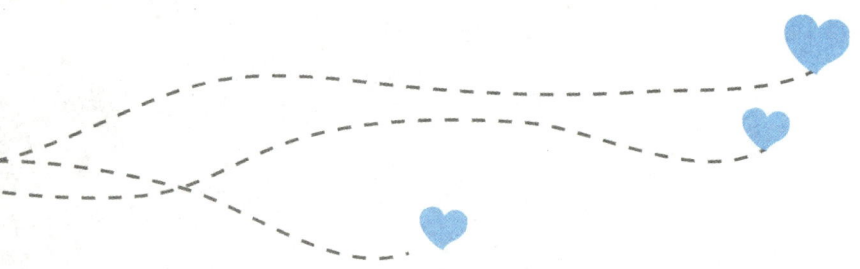

머리말 _6

한밤의 야식타임 _11

런치 브레이크 _28

뜻밖의 고백 _42

간디와의 만남 _58

영국 유학 _76

운명의 땅 남아프리카로 _92

진정한 사과 _114

타오르는 사티아그라하의 불길 _134

당신을 사랑할 수 있어서 행복했습니다 _154

부록 인도 독립의 아버지 마하트마 간디 _173

1
한밤의 야식타임

그날 자정 넘어서까지 리사는 잠을 이루지 못했다. 할아버지와 할머니의 가슴 아픈 사연이 진한 여운으로 남아 리사의 가슴을 두드렸기 때문이다. 하지만 그것만이 불면증의 원인은 아니었다.

"힘들었을 텐데 솔직하게 사과해줘서 고마워. 리사 네 말이 맞아. 우리, 할아버지와 할머니처럼 후회할 일은 만들지 말자."

자신의 얼굴을 똑바로 보던 선재의 눈빛을 리사는 잊을 수가 없었다. 그것은 뱃사람들을 안전한 항로로 인도해주는 북극성처럼 밝게 빛나고 있었다.

"아우! 왜 이렇게 정신이 말똥말똥하지?"

리사는 결국 참지 못하고 침대에서 벌떡 일어섰다. 창문으로 다가간 리사가 마당 한켠의 별채를 내려다보았다. 선재도 아직 깨어 있는지 창문이 환했다. 리사가 흡족한 표정으로 고개를 끄덕였다.

"헤헤! 내가 이렇게 못 자고 있는데 저 혼자 쿨쿨 자고 있으면 절대 안 되지."

턱을 매만지던 리사가 옷장을 열고 꺼낸 카디건을 잠옷 위에 걸쳤다. 조용히 방문을 열고 그녀가 살금살금 걸음을 옮겼다.

마당을 가로지른 리사가 별채 안으로 들어가 선재의 방문을 두드렸다.

"이선재! 어이, 이선재!"

문을 열고 얼굴을 내민 선재의 눈이 휘둥그레졌다.

"이 시간에 무슨 일이야?"

살짝 창피해진 리사가 따지듯이 되물었다.

"그러는 너는 왜 안 자고 있었는데?"

"잠이 안 와서 책을 읽고 있었어."

"책이 아니라 혹시 게임을 하고 있었던 거 아니야?"

"어어……!"

리사가 당황하는 선재를 밀치고 방안으로 들어갔다.

선재의 소박한 방안 탁자 위에는 정말 책이 한 권 펼쳐져 있었다. 리사가 책 표지를 들여다보며 중얼거렸다.

"반지의 제왕……?"

선재가 쑥스럽게 미소 지었다.

"내가 제일 좋아하는 판타지 소설이야."

"판타지 소설을 좋아해?"

"응! '로도스도전기'나 '해리포터' 시리즈 같은 건 열 번도 넘게 읽었어."

"하여간 특이하다니까……."

요즘 아이들답지 않게 게임보단 책을 좋아하는 선재를 리사가 신기한 듯 보았다.

무작정 쳐들어오긴 했지만 별로 할 말도 없어서 리사는 가만히 있었다. 선재도 말이 없어서 두 사람 사이에 어색한 침묵이 흘렀다. 이대로 돌아갈까 하다가 리사는 조금 뻔뻔해지기로 했다. 그녀가 탁자 앞의 의자에 털썩 앉았다.

"지금 그거 좀 먹을 수 있어?"

"그거라니?"

"우리가 처음 만났던 그날, 이 방에서 먹었던 그거 말이야."

고개를 갸웃거리던 선재가 손가락을 튕겼다.

"아…… 라볶이?"

"맞아, 라볶이!"

선재가 곤란한 얼굴로 입을 열었다.

"어떡하지? 마침 라면이 떨어졌어."

"그럼 할 수 없지, 뭐."

리사가 실망스런 표정으로 일어서려고 했다.

"잠깐! 라볶이 대신 다른 걸 만들어줄게."

"다른 거?"

선재가 냉장고 문을 열어 그 안의 재료들을 살폈다.

"라면은 떨어졌지만 다른 건 조금 있거든."

"……?"

리사는 의아한 표정을 지었다. 잠시 후, 선재가 탁자 위에 식빵과 소시지, 양상추와 계란을 올려놓았다. 아무리 봐도 조합이 되지 않는 재료들을 내려다보며 리사가 물었다.

"이걸로 뭘 만들겠다는 거야?"

"핫도그."

"이걸로 핫도그를? 에이, 말도 안 돼!"

손을 흔드는 리사 앞에 선재가 작은 믹서를 내려놓았다.

"믹서는 또 뭐에 쓰려고?"

"일단 빵가루를 만들어야 하거든."

"이걸로 빵가루를 만들 수 있어?"

"식빵을 갈면 빵가루가 되는 거지 뭐. 리사, 너도 해볼래? 식빵의 단단한 테두리만 잘라서 믹서에 넣으면 돼."

"알았어."

리사도 선재를 따라 식빵 테두리를 찢어 믹서에 넣었다.

"이 정도면 충분해."

위이잉-!

선재가 믹서를 돌리자 신기하게도 그 안의 빵조각이 순식간에 가루로 변했다.

"완전 대박!"

"어때, 간단하지?"

"하지만 빵가루가 있다고 핫도그가 만들어지는 건 아니잖아. 일단 밀가루 반죽도 있어야 하고……."

"밀가루 반죽 대신 남은 식빵을 이용할 거야."

선재가 식빵 한 장을 도마 위에 올리며 씨익 웃었다. 그가 식빵 위에 양상추를 한 장 놓고 그 위에 또 소시지를 올렸다.

"리사 너도 해봐."

"이, 이렇게?"

리사가 선재를 따라 소시지와 양상추를 올린 식빵을 김밥처럼 돌돌 말았다. 두 개의 식빵 김밥이 만들어지자 선재가 이번엔 볼에 계란을 깨뜨려 넣고는 젓가락으로 막 휘저었다. 그 모습을 신기한 듯 지켜보는 리사 앞으로 선재가 계란을 푼 볼을 내밀었다.

"자, 이제 식빵을 여기에 넣도록 해."

"오케이."

선재가 젓가락을 이용해 소시지를 감싼 식빵에 골고루 계란 물을 묻혔다. 그것을 다시 빵가루를 담은 접시에 올리고 부드럽게 굴리자 마치 눈사람을 만들 때처럼 빵가루가 식빵에 골고루 묻었다.

"아…… 진짜 핫도그 모양이 되었어."

선재가 빙그레 웃으며 프라이팬을 가스레인지 위에 올리고 불을

켰다. 프라이팬에 기름을 넉넉하게 두른 선재가 리사를 돌아보았다.
"이제 굽기만 하면 맛있는 핫도그가 완성되는 거야."
"어쩜, 진짜 신기하다!"
리사도 선재 옆으로 다가와 맛있는 소리를 내며 익어가는 두 개의 식빵 핫도그를 보았다. 빵가루가 익으면서 노릇하게 구워진 핫도그는 정말이지 먹음직스러워 보였다. 핫도그가 충분히 구워지자 선재가 그것을 다시 도마 위에 놓고 비스듬하게 잘랐다. 노릇한 식빵 안에서 김이 모락모락 피어오르는 붉은 소시지와 양상추는 색깔부터가 참 예뻤다. 선재가 예쁜 접시를 가져와 네 조각의 핫도그를 담았다. 리사와 마주앉은 탁자 위에 핫도그 접시를 놓으며 선재가 씨익 웃었다.
"짠~ 이선재 표 얼렁뚱땅 핫도그 완성!"
"와! 근사하다!"
리사는 손을 맞잡은 채 완전히 감동받은 표정을 지었다. 선재가 리사에게 포크를 내밀었다.
"맛을 봐야지?"
"너무 예뻐서 먹기 아까워."
울상을 지으면서도 리사가 포크로 핫도그를 쿡 찍었다. 리사의 예쁜 입술 사이로 핫도그가 들어가는 것을 선재는 흐뭇하게 지켜보았다. 리사가 눈을 지그시 감은 채 맛을 음미했다.
"와아……!"
잠시 후, 리사가 눈을 동그랗게 떴다.

"겉은 바삭하고, 안은 촉촉하고…… 이거 진짜 맛있어. 이선재, 우리 이거 밖에 나가서 팔자. 우리 둘 다 부자가 될 수 있을 거야."
"하하! 오버가 좀 심하다."
"아니야. 이건 우리 둘만 맛보기에는 아까운 음식이라고."
"어쨌든 맛있다니 다행이다."
선재와 리사가 핫도그를 맛있게 먹으며 서로를 향해 밝게 웃었다. 리사는 선재와 함께 있을 때면 느껴지는 따뜻한 느낌이 좋았다. 입을 앙 벌리고 핫도그를 밀어 넣는 리사를 보는 선재도 마냥 즐거운 표정이었다.

성 여사는 밤늦게까지 작업실에서 수채화 마무리 작업에 몰두하고 있었다. 며칠 전에 끝내려고 했는데 아직까지 질질 끌고 있었던 것이다. 그래서 그녀는 오늘이나 내일까진 어떻게든 끝내려고 밤샘작업도 각오하고 있었다.
"후우우…… 너무 집중했더니 피곤하네."
성 여사가 붓을 내려놓으며 한숨을 쉬었다. 그녀가 눈을 가늘게 뜨고 저택 정원의 전경을 담은 수채화를 지그시 보았다. 미간에 주름이 잡히는 것으로 보아 썩 마음에 드는 것 같지는 않았다. 성 여사가 한숨 섞인 음성으로 중얼거렸다.
"너무 오래 쉬었어. 그림도 다 때가 있는 법인데."
그녀는 살짝 우울해지고 말았다. 남편을 따라 스페인에 가 있느라고 화가로서 재능을 발휘할 기회를 잃어버린 것만 같아 마음이 무거웠다. 성 여사는 문득 딸의 얼굴이 보고 싶어졌다. 상실감이 들 때마다 예쁘고 총명한 딸을 보면 자신의 인생도 실패작은 아니라는 자신감이 생기곤 했던 것이다.

"리사는 잘 자고 있는지 모르겠네."

성 여사가 방문을 열고 나갔다.

딸의 방은 이미 불이 꺼져 있었다. 성 여사가 방문 앞에 서서 조심스럽게 노크를 했다.

똑똑!

"리사야, 자니?"

"……."

"엄마 들어간다."

성 여사가 조심스럽게 방문을 밀고 들어갔다. 리사는 얼굴까지 이불을 끌어올린 채 자고 있었다. 성 여사의 입가에 잔잔한 미소가 번졌다.

"녀석, 얼굴까지 덮고 자지 말라고 일렀건만."

성 여사가 혀를 차며 이불을 끌어내렸다. 동시에 성 여사의 눈이 휘둥그레졌다. 이불 아래서 나타난 것은 리사가 아니라 딸이 평소 끔찍이 아끼는 커다란 곰 인형이었다. 성 여사는 잠시 멍청해졌다. 시간은 자정을 훌쩍 넘어섰다. 이 늦은 시간에 딸은 어디로 사라졌단 말인가? 눈을 부릅뜬 성 여사의 머릿속으로 얼마 전 유괴범에게 납치되었다는 여학생의 얼굴이 떠올랐다. 동시에 성 여사의 입에서 날카로운 비명이 터져 나왔다.

"꺄아악! 리사가 사라졌어요!"

비명소리를 듣고 제일 먼저 강 사장이 안방에서 뛰어나왔다.

"리사가 사라졌다니! 그게 무슨 말이야?"

"제 방에서 자고 있는 줄 알았는데 감쪽같이 사라졌지 뭐예요!"

강 사장도 당황해 허둥지둥했다.

"일단 양평댁과 박 기사부터 불러! 어서!"

"아, 알았어요."

잠시 후, 강 사장과 성 여사 그리고 양평댁과 박 기사까지 널찍한 정원을 돌아다니며 리사를 찾기 시작했다.

"리사야! 리사야!"

"아가씨, 어디에 계세요?"

선재와 시시덕거리고 있던 리사도 자신의 이름을 부르는 소리를 들었다. 리사가 눈을 동그랗게 떴다.

"이게 무슨 소리지?"

"널 찾고 있는 거 같은데?"

"으아아! 엄마가 내 방에 들어갔나봐!"

"걱정하실 텐데, 빨리 나가봐."

"이대로 나가면 우리 둘 다 큰일 나."

"……?"

한밤의 야식타임 19

"벌써 자정이 넘었어. 이 늦은 시간에 내가 자다 말고 네 방에 와 있는 걸 보면 우리 엄마가 어떻게 생각하겠어?"

"그, 그렇구나!"

그제야 선재도 긴장했다. 리사가 입술을 질끈 깨물었다.

"이렇게 된 이상 아빠와 엄마한테 들키지 않고 몰래 방으로 돌아가는 수밖에 없어."

"하지만 어떻게?"

"집 뒤쪽에 커다란 굴참나무가 있잖아. 그 나무의 가지가 내 방 테라스까지 닿아 있어."

"나무를 타고 몰래 올라가겠다고?"

"응!"

"그게 될까……?"

고개를 갸웃하는 선재의 손을 잡고 리사가 무작정 뛰어나갔다.

"안 되면 되게 해야지!"

만약 선재의 방에 있었던 걸 들키면 엄마는 선재를 쫓아내버릴지도 모른다. 엄마의 성격을 잘 알고 있는 리사는 서두를 수밖에 없었다.

"아무리 찾아도 없어요. 이제 어떡하면 좋아요?"

강 사장과 마주서서 성 여사는 눈물을 글썽였다. 강 사장이 양평댁과 박 기사를 휙 돌아보았다.

"자네들도 못 찾았나?"

"예, 안 보입니다."
"마지막으로 집안을 한 번만 더 둘러보고 신고해야겠네."
 초조한 기색이 역력한 어조로 중얼거리는 강 사장과 성 여사의 등 뒤 나무들 사이로 리사와 선재가 허리를 숙인 채 살금살금 지나가고 있었지만 아무도 알아차리지 못했다.

 쿵!
"아얏! 이거 생각보다 어렵네!"
 나무를 조금 기어오르다 리사는 보기 좋게 엉덩방아를 찧었다. 선재가 그런 리사 앞에 한쪽 무릎을 꿇고 앉았다.
"내 어깨를 밟고 올라가."
"무거울 텐데?"
"시간이 없어. 서둘러."
"아, 알았어!"
 리사가 선재의 어깨를 밟고 올라서며 두 손으로 나무를 짚었다.
"끄응!"
 선재가 이를 악물며 몸을 일으키자, 리사의 손이 높다란 가지에 닿게 되었다.
"자, 이제 올라간다! 으앗!"
 나뭇가지에 다리를 걸치려던 리사가 발이 미끄러지면서 대롱대롱 매달렸다. 선재가 재빨리 리사의 엉덩이를 손으로 받쳐주었다.

"조심해!"

"끙차!"

선재의 도움 덕분에 리사는 마침내 나무 위로 기어오를 수 있었다. 나뭇가지는 곧장 리사의 방 테라스로 연결되어 있었다. 창문을 열고 들어가기 직전, 리사가 선재를 힐끗 내려다보았다. 선재가 어서 들어가라는 듯 손을 흔들었다. 그런 선재를 향해 리사가 싱긋 미소 지었다.

"오늘 정말 재미있었어."

"나도."

　방안으로 들어오자마자 리사는 카디건을 벗어 책상에 던져놓고 재빨리 침대로 들어갔다. 이불을 끌어올리자마자 강 사장과 성 여사가 방문을 열고 들이닥쳤다. 침대에 누워 있는 딸을 발견하고 두 사람은 황당한 표정을 지었다.

　"리사야!"

　"너 대체 어디 갔었니?"

리사가 짐짓 졸린 듯 눈을 비비며 일어나 앉았다.

"어디 가다뇨? 전 계속 여기 있었는데요."

성 여사가 리사의 침대에 걸터앉으며 얼굴을 들여다보았다.

"방금 전에 곰인형만 놓고 사라졌었잖니?"

"아, 잠깐 화장실에 갔었어요. 곰인형은 제가 안고 자던 거고요."

"화장실이라고……?"

강 사장이 짜증 섞인 목소리로 물었다.

"당신, 욕실은 살펴봤었어?"

"아, 아니요."

강 사장이 더 이상 들을 필요도 없다는 듯이 돌아섰다.

"괜한 난리법석을 피웠군. 리사도 그만 자도록 하렴."

"네, 아빠."

강 사장이 나갔지만 성 여사는 여전히 리사의 눈을 들여다보고 있었다.

"리사야."

"네, 엄마."

"엄마한테 뭐 속이는 거 없지?"

리사가 억지로 웃었다.

"내, 내가 속이긴 뭘 속인다고 그래요."

"으음……."

무언가 미진한 표정으로 리사의 얼굴을 뚫어져라 보던 성 여사가 몸을 일으켰다.

"그래, 그만 자도록 하렴."

몸을 돌려세우던 성 여사가 멈칫했다. 책상 위에 아무렇게나 던져져 있는 카디건을 발견했기 때문이다. 성 여사가 리사 쪽을 획 돌아보았다. 리사는 이미 등을 돌린 채 누워 있었다. 딸의 등을 뚫어져라 쳐다보며 성 여사가 중얼거렸다.

"리사 너만은 엄마를 실망시켜선 안 돼. 절대로……!"

와자하게 떠들던 반애들이 나란히 들어서는 리사와 선재를 발견하고 일제히 입을 다물었다. 반애들의 의혹 어린 시선이 리사와 선재에게 꽂혔다. 반애들 사이에서 아진이가 몸을 일으켰다.

"강리사."

"왜?"

"너 지금 이선재와 함께 등교하는 거니?"

"한 집에 살고 있는 친구끼리 함께 등교하는 게 뭐 어때서?"

리사의 당당한 태도에 아진이 기가 막힌 표정을 지었다.

"네 입으로 이선재는 고용인일 뿐이라고 말한 게 바로 며칠 전이야."

"으음……."

할 말을 잃은 듯 신음을 흘리는 리사의 얼굴을 선재가 걱정스럽게 돌아보았다. 선재가 리사를 대신해 변명했다.

"실은 내가 리사한테 물어볼 게 있어서 같이 가자고 부탁했어. 내

일부턴 절대로 같이 등교하는 일 따윈…….”

"변명할 필요 없어.”

"!"

리사가 아진이를 정면으로 응시하며 힘주어 말했다.

"선재가 고용인일 뿐이라고 말했던 건 실수였어. 선재는 나와 한 교실에서 공부하고 있는 친구야. 그냥 고용인일 리가 없잖아.”

아진이 피식 웃었다.

"그러니까 뭐야? 앞으론 이선재와 친구로 지내겠다는 거네?”

"그래!"

순간 반애들이 소란스럽게 웅성거리기 시작했다.

"왕따 이선재와 친구라고?”

"리사가 갑자기 왜 저러지?”

"저러다 자기까지 왕따 당하면 어쩌려고?”

이때 아진이가 리사의 얼굴을 손가락으로 가리키며 외쳤다.

"강리사 너도 오늘부터 우리 반 왕따야!”

굵직한 목소리가 들려온 것은 그때였다.

"그렇다면 나도 오늘부터 왕따가 되는 거야?”

아진이를 비롯한 반애들이 일제히 소리 나는 쪽을 돌아보았다. 자리에서 천천히 일어서는 남학생을 보고 아진이의 눈이 휘둥그레졌다.

"차, 찬영아!”

찬영이가 여유로운 미소를 머금은 채 반애들을 슥 둘러보았다.

"이번에 봉사활동을 하면서 나도 선재와 친구가 되었거든. 그러니까 나도 왕따가 되는 게 맞잖아? 안 그래, 얘들아?"

"……."

반애들 중 누구도 입도 벙긋 못했다. 다른 사람이라면 몰라도 찬영이를 따돌릴 수는 없는 것이다. 아니, 그런 짓을 했다간 오히려 반 전체가 찬영이에게 따돌려질 가능성이 높았다. 찬영이가 분한 듯 이를 갈아붙이는 아진이를 향해 씨익 웃었다.

"아진아, 우리 서로 미워하지 말고 사이좋게 지내자. 중학생이나 돼가지고 왕따 놀이라니, 조금 창피하지 않니?"

"끄으으……!"

2
런치 브레이크

 찬영이 덕분에 위기를 모면한 리사는 기분 좋게 점심시간을 맞이했다. 오늘 점심시간은 조금 특별했다. 진선중학교에서는 한 달에 하루, 학생들이 스스로 음식을 만들어 먹도록 했는데 오늘이 바로 그날이었다. 다른 애들이 즉석 떡볶이를 만든다, 피자를 만든다 부산을 피우고 있었지만 리사는 자리에서 꼼짝도 할 수가 없었다. 테이블에 마주앉아 서로의 얼굴을 뚫어져라 쏘아보고 있는 찬영이와 선재 때문이었다.
 사실 눈싸움을 먼저 시작한 것은 찬영이었다. 나란히 앉아 무엇을 해먹을까 고민하고 있는 리사와 선재의 맞은편에 불쑥 앉더니, 선재의 얼굴을 뚫어져라 쳐다보기 시작했던 것이다. 배가 고파서 더 이상 참을 수 없게 된 리사가 자리에서 벌떡 일어나며 두 사람을 향해 말했다.

"눈싸움을 하더라도 일단 밥부터 먹고 하자, 응?"

찬영이가 비로소 눈빛을 누그러뜨리며 일어섰다.

"내가 맛있는 거 만들어줄게."

리사가 의외라는 듯 찬영이를 보았다.

"찬영이 네가 요리도 할 줄 알아?"

"우리 그룹에서 호텔도 운영하고 있잖아. 나중에 호텔을 경영하려면 요리에 대해서도 알아야 한다며 아빠가 호텔 주방장에게 직접 배우게 했다고."

"흐음…… 왠지 기대되는걸."

"일단 재료부터 가져오자."

찬영이가 급식실 앞쪽에 진열된 재료들 중에서 오징어와 홍합 등 해산물과 피망, 양파 등의 채소와 파스타 면을 바구니에 담았다. 찬영이 옆에 서서 리사가 손뼉을 마주쳤다.

"아, 파스타를 만들려고?"

"셋이 먹다가 하나가 죽어도 모를 만큼 맛있는 해물 파스타를 만들어줄게."

치이익-!

찬영이 능숙한 솜씨로 손질한 해산물을 볶자, 반애들이 호기심 가득한 얼굴로 모여들었다. 점심을 직접 만들어 먹는다곤 했지만 찬영이처럼 제대로 된 음식을 만드는 친구는 처음이었던 것이다.

아진이도 윤지와 나란히 서서 그 모습을 지켜보고 있었다. 머뭇거리는 기색도 없이 면을 삶고 피망을 써는 찬영이의 모습이 아진이 눈에는 그렇게 멋져 보일 수가 없었다.

"요즘은 요리하는 남자가 대세라고 하더니, 찬영이는 양파를 써는 모습까지 어쩜 저리 근사하다니?"

그 말에 윤지가 피식 웃었다.

"문제는 저 요리를 네가 아니라 리사를 위해 만들고 있다는 거지."

"뭐야……?"

"미, 미안."

아진이 눈을 부라리자 윤지는 금세 몸을 움찔했다. 찬영이 옆에 서서 기대 가득한 얼굴을 한 리사를 아진이가 지그시 째려보았다.

"강리사, 네가 얼마나 밥맛 없는 아이인지 너는 아마 모를 거야."

이때 요리를 하는 찬영이 옆으로 어디론가 사라진 줄 알았던 선재가 등장했다.

"나도 간단하게 요리를 한 가지 만들 생각이야."

"이걸로 대체 뭘 만들겠다는 거야?"

선재와 가져온 찐 고구마 두 개와 사과 한 개, 우유 한 팩 그리고 피자치즈를 보고 리사가 고개를 갸웃했다.

"고구마 그라탕."

"이걸로 그라탕을 만들 수 있다고?"

물론 리사도 그라탕을 좋아했다. 하지만 고구마와 사과 한 개로 그라탕을 만들 수 있다고는 믿어지지 않았다. 찬영이에 비해 재료가 부실해도 너무 부실했던 것이다. 찬영이도 고구마를 볼에 넣고 으깨기 시작하는 선재를 힐끗 보며 비웃음을 흘렸다.

"내버려둬. 어차피 파스타만 먹게 될 테니까."

"그, 그래."

리사가 고개를 끄덕이면서 사과를 깍두기처럼 썰어 으깬 고구마에 섞는 선재를 힐끔거렸다. 선재가 볼에 우유를 반 컵쯤 따른 후 다시 정성스럽게 섞었다. 마지막으로 사과와 우유를 섞은 고구마 반죽을 접시에 옮겨 담고 그 위에 피자치즈를 눈가루처럼 뿌렸다. 선재가 만족스런 미소를 지으며 접시를 들어올렸다.

"이제 이걸 오븐에 굽기만 하면 돼."

"그게 정말 그라탕이 된단 말이야?"

"날 믿어보라니까."

선재가 오븐에 그라탕 접시를 넣었다.

"내 요리도 이제 끝나간다!"

"응?"

찬영이의 목소리에 리사가 고개를 돌렸다. 찬영이는 해산물, 피망, 양파 등을 볶아낸 팬 안에 막 삶은 면을 투하하고 있었다. 찬영이가 팬을 흔들 때마다 재료들과 면발이 춤을 추며 섞였다. 여학생들 사이에서 절로 탄성이 터져 나왔다.

"꺄아~ 진짜 요리사 같아!"

"찬영이 짱!"

"어쩜 찬영이는 요리까지 잘할까!"

"나도 한 입 먹어봤으면!"

찬영이가 세 개의 접시에 차례로 파스타를 담았다. 키친타월로 접시 테두리까지 깔끔하게 닦고 나서 찬영이가 리사를 위해 의자를 빼 주었다.

"오래 기다리셨습니다, 손님."

"와! 진짜 맛있겠다!"

의자에 앉으며 리사가 손을 맞잡았다. 이때 선재도 불쑥 접시를 내밀었다.

"고구마 그라탕도 완성됐어."

"그, 그렇구나."

찬영이의 것에 비해 심하게 소박한 선재의 접시를 내려다보며 리사가 어색하게 웃었다. 반애들의 수군거리는 소리가 들렸다.

"윽! 저게 무슨 요리야?"

"저 정도는 나도 만들겠다."

"찬영이의 파스타에 비하면 다윗과 골리앗의 싸움이야."

리사가 먼저 포크로 면을 돌돌 말아 입을 앙 벌리고 그것을 밀어 넣었다. 면을 우물거리던 리사의 눈이 휘둥그레졌다.

"와아! 진짜 맛있어!"

리사가 엄지손가락을 치켜세우자 여기저기서 반애들의 침 삼키는

소리가 들려왔다. 찬영이가 흡족하게 웃으며 선재를 보았다.

"선재가 만든 것도 있잖아. 맛이라도 보지 그래?"

"그럴까?"

대답을 하면서도 리사는 선재가 만든 고구마 그라탕에 선뜻 손을 대지 못했다. 투박한 고구마 반죽 위에 피자치즈만 하얗게 녹아 있는 그라탕은 영 식욕이 당기지 않았던 것이다. 머뭇거리던 리사가 용기를 내어 그라탕을 한 숟가락 떠 입을 반쯤 벌리고 그것을 억지로 넣었다. 그라탕을 우물거리는 리사의 얼굴을 찬영이와 반애들이 동정하듯 쳐다보았다.

"꿀꺽!"

잠시 후, 그라탕을 삼킨 리사의 눈이 커다래졌다.

"와! 고구마 그라탕도 진짜 맛있어!"

"저, 정말?"

찬영이 믿지 못하겠다는 표정을 짓자 리사가 그쪽으로 접시를 밀어주었다.

"너도 한 입 먹어봐."

"좋아."

찬영이가 그라탕 한 숟가락을 입으로 가져갔다.

"어때?"

그는 마지못해 고개를 끄덕였다.

"뭐, 형편없는 재료치고는 제법 맛있네."

"별 재료를 쓰지 않고 이런 요리를 만들어냈다는 게 더 대단하지. 선재의 요리는 소박해서 마음에 들어."

 자신의 파스타에는 손도 대지 않고, 그라탕만 부지런히 먹는 리사를 찬영이 입술을 깨문 채 바라보았다. 찬영이의 시선이 리사 옆에서 흐뭇하게 미소 짓고 있는 선재의 얼굴로 향했다. 선재도 찬영이를 보았다. 서로의 얼굴을 뚫어져라 응시하는 선재와 찬영이 사이에서 불꽃이 튀길 것 같았다.

 학교가 끝난 후, 리사와 선재는 나란히 교실을 나섰다. 다정한 친구처럼 보이는 두 사람을 힐끔거리며 반애들이 수군거렸다. 그래도 리사는 신경 쓰지 않는 눈치였다. 오히려 선재가 안절부절못했다.
 "정말 괜찮을까?"
 "뭐가?"
 "나 때문에 너까지 피해를 입을까봐 그래."
 리사가 코웃음을 쳤다.
 "감히 누가 나한테 피해를 입혀? 설마 내가 그런 녀석들을 그냥 둘 거라고 생각하는 거야, 응?"
 선재는 싱긋 웃었다.
 "물론 그렇지 않아."
 "당연하지."
 "어이~ 같이 가자!"

운동장을 가로지르던 리사와 선재가 부르는 소리에 멈춰 섰다. 두 사람을 향해 헐레벌떡 달려온 찬영이가 두 팔로 리사와 선재의 목을 동시에 와락 안았다.

"꺄악!"

"뭐, 뭐야?"

당황하는 둘의 얼굴을 번갈아 보며 찬영이 씨익 웃었다.

"잊었어? 오늘부터 우리 셋이 친구가 됐잖아."

교실에서 찬영이에게 도움을 받았던 기억을 떠올린 선재가 새삼 감사의 말을 전했다.

"그땐 고마웠어. 찬영이 너 아니었으면 리사까지 왕따를 당했을지도 몰라."

"당연히 고마워야지. 그래서 말인데, 너희들 나한테 신세를 갚을 생각은 없냐?"

"신세를 갚다니? 어떻게?"

미간을 살짝 찌푸리는 리사를 향해 찬영이 유쾌한 어조로 입을 열었다.

"일단 리사 너희 집에 초대해주는 게 어떨까? 친구가 된 기념으로 셋이 숙제도 하고, 간식도 먹고 하면 좋잖아?"

"그게……."

잠시 고민하던 리사가 흔쾌히 고개를 끄덕였다.

"좋아, 가자!"

"흐음…… 벌써 두 번째 방문이네."

리사네 대문을 통과하며 찬영이 흐뭇하게 웃었다. 지나치게 쾌활한 찬영이를 향해 리사가 물었다.

"그런데 넌 오늘 무슨 좋은 일 있니?"

"아니, 왜?"

"지나치게 들떠 있는 것 같아서."

"그야 친구들과 즐겁게 시간을 보낼 생각에 그렇지."

"그래……?"

리사가 고개를 갸웃하며 현관문을 열고 들어갔다. 친구들과 함께 거실로 올라서는 리사를 양평댁이 맞이했다.

"아가씨, 오셨어요?"

"엄마는요?"

이때 마침 성 여사가 계단을 밟고 내려왔다. 리사 앞으로 다가온 성 여사가 찬영이를 보며 고개를 갸웃했다.

"얼굴이 낯이 익은 것 같은데…… 누구였더라?"

"안녕하세요? 지난번 파티 때 인사드렸던 리사의 반 친구 나찬영입니다."

"아, 스카이그룹의 후계자라는……?"

"예, 맞습니다. 리사와 같이 숙제도 하고 맛있는 간식도 먹으려고 놀러왔습니다. 괜찮죠, 어머니?"

찬영이 넉살좋게 부르자 성 여사의 얼굴에 드물게도 환한 미소가

번졌다.

"괜찮고말고. 우리 리사가 오랜 외국 생활 때문에 여러 가지로 낯설어하니까 찬영군이 많이 도와줘."

"넵, 맡겨만 주십시오!"

"호호!"

찬영이 장난스럽게 경례를 붙이자 성 여사가 손바닥으로 입을 가리고 웃었다.

"양평댁."

"예, 사모님."

"아이들이 먹을 간식 좀 부탁해요."

"바로 준비하겠습니다."

양평댁이 주방 쪽으로 사라지자마자 성 여사가 리사에게 물었다.

"숙제는 방에 올라가서 할 거지?"

"당연하죠. 애들아, 가자."

리사가 선재와 찬영이를 데리고 계단으로 향하려고 했다. 순간 성 여사가 리사와 친구들을 불러 세웠다.

"잠깐!"

"……?"

의아한 듯 돌아보는 리사, 선재, 찬영이의 얼굴을 성 여사가 뚫어져라 보았다. 성 여사가 한참만에야 선재를 향해 물었다.

"선재도…… 함께 올라가려고?"

"……!"

순간 선재가 움찔했다. 당황스런 눈으로 성 여사의 얼굴을 쳐다보던 선재가 급히 고개를 숙였다.

"죄, 죄송합니다. 지금 나가겠습니다."

"그래, 그게 좋겠구나."

선재가 황망히 돌아서는 순간, 리사가 빽 소리쳤다.

"거기 서!"

"!"

리사가 성여사를 똑바로 쳐다보며 말했다.

"엄마, 우리 셋 다 친구예요."

성 여사가 부드럽지만 확고한 목소리로 답했다.

"물론 학교에선 그렇겠지. 하지만 여기는 학교가 아니잖니?"

"엄마, 어떻게 그런 말을……?"

"찬영이와 방으로 올라가렴. 엄마가 곧 맛있는 간식 가져다줄게."

"싫어요! 선재가 가지 않으면 저도 안 가겠어요!"

"리사야……!"

입으론 웃으면서도 성 여사의 눈빛이 엄격하게 변했다.

"선재도 친구란 말이에요."

서로의 얼굴을 뚫어져라 쏘아보는 리사와 성 여사 사이에 팽팽한 긴장감이 흘렀다. 숨을 죽인 채 모녀를 보던 찬영이 흠흠 헛기침을 했다.

"저, 어머니. 죄송하지만 제가 한 말씀 드려도 될까요?"

성 여사의 표정이 스르륵 풀렸다.

"오, 그래. 어서 말해보렴."

"리사의 말대로 저희 셋 다 친구예요. 선재만 빠지면 친구 사이가 조금 이상해질 것 같거든요."

"으음⋯⋯."

턱을 매만지던 성 여사가 고개를 까닥였다.

"좋아. 찬영이의 생각이 그렇다면 셋이 함께 올라가도록 하렴."

"감사합니다, 어머니!"

찬영이가 리사의 팔을 잡아끌고 계단으로 향했다.

"자, 어서 올라가자."

둘을 엉거주춤 따라가며 선재가 성 여사에게 머리를 꾸벅 숙였다. 하지만 성 여사는 차갑게 외면해버렸다.

"흥!"

3
뜻밖의 고백

리사는 자신의 방에서 선재, 찬영이와 테이블에 둘러앉아 숙제를 했다. 분위기는 어색했다. 리사가 기가 죽어 있는 선재를 향해 툭 내뱉었다.

"미안해."

"응?"

"우리 엄마 말이야."

"신경 쓰지 마. 사모님이 뭐 틀린 말을 하신 것도 아니고……"

선재가 애써 미소 지었지만 입언저리에 씁쓸함이 남는 것을 리사는 놓치지 않았다. 리사가 펜을 내려놓으며 짜증을 부렸다.

"엄마 때문에 속상해 죽겠어!"

그러자 찬영이가 교과서에 시선을 고정시킨 채 당연하단 듯한 어조로 대꾸했다.

"어머니를 이해해야 하지 않을까?"

"그게 무슨 말이야?"

눈꼬리가 하늘로 향하는 리사를 향해 찬영이 싱긋 웃었다.

"우리가 친구를 사귀는 건 매우 중요한 문제야. 왜냐하면 지금 우리가 사귄 친구는 어른이 된 후에도 계속 만나며 서로 도움을 주고받아야 하니까. 그런데 선재는 조금……."

리사의 목소리가 날카롭게 변했다.

"선재가 뭐가 어때서?"

"사실 선재는 우리와 좀 다르잖아. 선재가 우리랑 비슷한 대학에 갈 수 있을까? 또 우리처럼 아빠의 회사를 물려받을까? 좋든 싫든 선재는 우리와는 다르게 살게 될 거야. 네 어머니는 그런 걸 다 고려하신 거겠지."

쾅!

"나는 동의할 수 없어!"

리사가 주먹으로 테이블을 내리쳤다. 서로의 얼굴을 뚫어져라 응시하는 리사와 찬영이를 보며 선재가 한숨을 푹 쉬었다. 선재가 책을 챙겨 자리에서 일어섰다.

"나는 이만 가는 게 좋겠어."

"앉아."

리사가 입술을 질끈 깨물었다.

"하지만…….."

"앉으라면 앉아!"

"!"

리사가 버럭 고함치자 선재가 움찔했다. 잠시 망설이던 선재가 고개를 설레설레 흔들며 도로 자리에 앉았다.

리사가 찬영이에게 시선을 고정시킨 채 다시 말을 이었다.

"나는 찬영이 너와는 생각이 달라. 우린 아직 어리고, 모두가 공평하게 친하게 지내는 게 좋다고 생각해."

"지금 '공평하게'라고 했어?"

찬영이의 입가에 비웃음이 스치자 리사가 발끈했다.

"왜 웃는 건데?"

"방금 리사 네가 떠나고 싶어 하는 선재에게 명령을 내린 것 같아서 말이야."

"뭐, 뭐라고? 선재 네가 말해봐. 내가 정말 너한테 명령을 했니?"

"으음…….."

선재가 얼굴을 고통스럽게 일그러뜨린 채 신음을 흘렸다.

"말해봐! 얼른 말해보라구!"

리사가 점점 더 흥분하고 있을 때, 방문이 열리며 성 여사가 들어왔다. 성 여사의 손에 머핀과 주스가 담긴 쟁반이 들려 있었다.

"분위기가 왜 이러지? 너희들 다투었니?"

"다투긴 누가 다퉜다고 그래요?"

무뚝뚝하게 대답하는 리사 앞에 성 여사가 쟁반을 내려놓았다.

"찬영아, 먹어보렴. 머핀은 우리 메이드들이 준비했고, 생과일주스는 내가 직접 만들었단다."

"감사합니다, 어머니!"

주스부터 벌컥벌컥 마시는 찬영이를 성 여사가 흐뭇하게 지켜보았다. 그러다 성 여사의 시선이 선재에게로 옮겨졌다.

"선재도 먹어라."

"가, 감사합니다."

선재가 머핀을 조심스럽게 입으로 가져갔다. 싸늘한 시선으로 선재를 뚫어져라 보다가 성 여사가 웃는 낯으로 찬영이에게 물었다.

"찬영이가 왔다니까 리사의 아빠도 일찍 들어온다고 하셨어. 찬영이도 저녁식사하고 가렴, 응?"

"그렇잖아도 그럴 생각이었어요."

"찬영이는 참 쾌활해서 좋구나."

"헤헤!"

죽이 척척 맞는 찬영이와 엄마를 째려보다가 리사가 뿌루퉁하게 말했다.

"그럼 선재도 같이 먹어야지."

"뭐라고……?"

성 여사가 눈을 치켜뜨자 선재가 서둘러 일어섰다.

"저녁식사라니, 가당치도 않아! 난 아무래도 가보는 게 좋겠어!"

뜻밖의 고백 45

"아니, 리사의 말이 옳구나."

"예?"

고개를 끄덕이는 성 여사를 보며 선재가 눈을 동그랗게 떴다. 성 여사가 의미심장하게 웃었다.

"아빠한테 선재도 함께 식사할 거라고 말해놓을 테니까, 그때까지 선재도 함께 공부하도록 하렴."

"예에……."

선재가 마지못해 다시 앉았다. 리사가 선재의 팔을 툭 쳤다.

"잘됐다, 그치?"

"으응."

하지만 선재는 성 여사의 의미를 알 수 없는 웃음이 불안하기만 했다.

"아빠, 오셨어요?"

거실로 올라서는 강 사장에게 달려간 리사가 꾸벅 인사했다. 강 사장이 리사의 머리를 쓰다듬으며 성 여사와 나란히 서 있는 찬영이에게 시선을 던졌다.

"네가 찬영이로구나."

"안녕하세요? 나찬영입니다."

찬영이 예의바르게 인사하자 강 사장이 흡족한 듯 미소 지었다.

"듣던 대로 씩씩하구나."

"감사합니다."

"그런데……."

강 사장이 약간 떨어져 서 있는 선재를 보며 고개를 갸웃했다. 리사가 재빨리 설명했다.

"선재랑 찬영이랑 다 같이 학교에서 친하게 지내거든요. 그래서 셋이 함께 공부하고 있었어요. 선재도 저녁식사 함께해도 괜찮죠?"

강 사장이 고개를 끄덕이며 식당으로 걸음을 옮겼다.

"그럼, 되고말고."

기다란 식탁에는 양식 정찬용 접시, 포크와 나이프와 스푼, 냅킨, 투명한 유리잔이 세팅되어 있었다. 강 사장이 상석에 앉고 성 여사와 리사, 선재와 찬영이가 마주보고 앉았다. 양평댁과 두 메이드가 대기하고 서서 식사를 준비했다. 선재는 불안한 눈으로 앞에 놓인 여러 개의 포크와 나이프와 스푼을 내려다보았다.

강 사장이 성 여사를 향해 물었다.

"양식 정찬을 준비한 모양이지?"

"예. 양평댁이 오랜만에 실력을 발휘했어요."

양평댁이 고개를 돌리고 빙그레 웃었다.

"메인 요리로 스테이크를 준비했습니다, 사장님. 애피타이저부터 낼 테니, 잠시만 기다려주세요."

강 사장이 고개를 끄덕이며 냅킨을 접어 무릎 위에 올려놓았다. 성 여사와 리사, 찬영이도 강 사장을 따라했다. 선재만은 어리둥절한 얼굴로 가만히 앉아 있었다. 성 여사가 그런 선재를 힐끗 보았다.

"선재야, 냅킨부터 무릎에 내려놔야지?"

"예…… 예?"

성 여사가 신경질적으로 냅킨을 흔들었다.

"이 냅킨을 무릎에 올려놓으란 말이다. 넌 양식 식사 예절을 전혀 모르는 모양이구나?"

"죄, 죄송합니다."

그제야 선재가 냅킨을 무릎 위에 올렸다. 성 여사가 모두가 들을 수 있을 정도로 혀를 끌끌 찼다. 전전긍긍하는 선재의 이마에 땀방울이 맺혔다. 그런 선재와 엄마의 얼굴을 번갈아 쳐다보는 리사의 표정도 불안하게 변했다.

이때 양평댁이 토마토와 허브를 넣고 삶은 홍합 요리를 큼직한 접시에 담아 내놓았다.

"애피타이저로 홍합 꼬제를 준비했습니다."

"오, 홍합이 아주 싱싱해 보이는군."

강 사장이 흡족한 얼굴로 홍합을 덜어 개인접시에 담았다. 성 여사와 리사, 찬영이도 애피타이저를 옮겨 담았다. 양평댁이 마지막으로 선재 옆에 서서 접시를 내밀었다. 선재가 잔뜩 긴장한 얼굴로 홍합 두어 개를 접시에 담았다. 리사와 찬영이 맛있게 먹는 것을 보고 선재도 포크를 들었지만 홍합이 생각처럼 껍질에서 잘 빠져나오지 않았다. 선재가 할 수 없이 한 손으로 껍질을 잡고 다른 손으로 포크를 써서 홍합을 빼려고 했다. 성 여사가 날카롭게 소리친 것은 그때였다.
"선재야, 손을 사용하면 어떡하니?"
"죄송합니다!"
선재가 당황하여 홍합을 떨어뜨렸다. 하얗게 질린 선재를 향해 성 여사가 한심한 듯 말했다.
"애피타이저는 바깥쪽 나이프와 포크를 이용해 먹으면 된다."
"가, 감사합니다."
나이프와 포크를 이용해 간신히 홍합을 먹는 선재를 보며 리사가 한 마디 하려다가 입을 다물었다. 찬영이는 남의 일이라는 듯 홍합과 악전고투 중인 선재를 느긋하게 바라보았다.
"수프는 브로콜리 치즈 수프를 준비했습니다."
식탁에 둘러앉은 사람들 앞에 김이 모락모락 피어오르는 수프 접시가 하나씩 놓였다. 선재가 스푼을 하나 들고 수프를 막 떠먹으려는 순간, 다시 성 여사의 목소리가 날아들었다.
"그건 수프 스푼이 아니잖니? 네 오른쪽에 있는 걸 사용하렴."
"아, 알겠습니다."
리사가 결국 참지 못하고 한 마디 했다.
"엄마, 그만 좀 해요. 엄마 때문에 선재 체하겠어요."
"나는 다른 건 몰라도 식사 예절을 지키지 않는 건 못 참는다."
"엄마!"
"난 괜찮아. 정말이야."

선재가 리사를 향해 억지로 웃었다. 강 사장이 서로를 노려보는 딸과 아내의 얼굴을 번갈아 보았다. 이때 양평댁이 먹음직스럽게 구워진 스테이크 접시를 강 사장 앞에 내려놓았다.

"안심 스테이크입니다, 사장님."

"흐음…… 아주 잘 구워졌군. 고생했어요, 양평댁."

"감사합니다."

리사와 찬영이는 능숙하게 고기를 칼질했다. 선재도 두 친구를 힐끔거리며 칼질을 시작했다. 그런데 무엇이 잘못되었는지 고기가 잘 썰어지지 않았다. 칼을 잡은 손에 너무 힘을 주는 바람에 접시가 덜컥거렸고, 그 바람에 고깃덩이가 튕겨나갔다. 하필이면 튕겨나간 고기가 떨어진 곳은 성 여사의 접시 위였다.

"……!"

리사와 찬영이 눈을 부릅뜨고 점점 일그러지는 성 여사의 얼굴과 창백해진 선재의 얼굴을 쳐다보았다. 성 여사가 주먹으로 식탁을 내리치며 버럭 고함을 질렀다.

"이선재! 너란 아이는 대체 어떻게 생겨먹은 거니?!"

"죄송합니다! 죄송합니다!"

자리에서 벌떡 일어난 선재가 성 여사를 향해 연신 머리를 숙였다. 그런 다음 휙 돌아서서 도망치듯 주방을 빠져나갔다.

"잘 먹었습니다! 전 이만 가보겠습니다!"

"선재야, 잠깐! 기다려!"

선재를 쫓아 나가려는 리사를 성 여사가 불러 세웠다.

"내버려둬라!"

"엄마!"

성난 얼굴로 돌아서는 리사에게 성 여사가 냅킨으로 입가를 훔치며 싸늘한 어조로 말했다.

"너도 보았잖니? 어차피 우리와는 어울리지 않는 녀석이야."

"엄마가 일부러 그렇게 만들었잖아요!"

"그 녀석이 식사 예절을 배우지 못한 게 내 탓이란 말이니?"

"그런 말이 아니잖아요!"

"조용히 하렴. 찬영이가 너의 버릇없는 모습에 실망할까 무섭구나."

"엄마와 더 이상 얘기하고 싶지 않아요!"

리사가 식당에서 뛰어나갔다.

"리사야! 당장 돌아오지 못하겠니?"

히스테릭하게 소리치는 성 여사의 모습에 강 사장은 스테이크를 우물거리며 대수롭지 않게 말했다.

"내가 보기에도 당신이 좀 심했어. 아이들은 그냥 아이들일 뿐이야."

"모르는 소리 마세요!"

"!"

성 여사가 소리치자, 강 사장이 멈칫했다.

"당신은 선재가 우리 리사의 남자친구가 되어도 상관없어요?"

"으음……!"

성 여사가 이를 악물며 내뱉었다.

"리사는 나의 자부심이에요. 그런 리사가 형편없는 녀석과 사귀는 것만은 절대로 용서 못해요."

"……."

무거운 침묵이 흘렀다. 강 사장과 성 여사의 눈치를 살피고 있던 찬영이 스윽 몸을 일으켰다.

"리사한테 가봐도 될까요?"

성 여사가 고개를 끄덕였다.

"저녁식사를 망쳐서 미안하구나."

"아니오. 전 오히려 어머니께 감사드려요."

"그게 무슨 말이니?"

"실은 저도 리사가 선재를 좋아하는 게 아닐까 걱정하고 있었거든요. 어머니 덕분에 리사도 선재와 자신이 어울리지 않는다는 사실을 알게 되지 않았을까요?"

빙그레 미소 짓는 찬영이의 얼굴을 성 여사와 강 사장이 멍하니 쳐다보았다.

"야, 이선재! 거기 서봐!"

대문을 열고 나가는 선재를 리사가 황급히 쫓아갔다. 밖으로 나온 리사가 어두운 골목 저편으로 멀어지는 선재를 숨을 헐떡이며 따라갔다.

"헉…… 헉헉……!"

한참동안 죽을힘을 다해 뛰었지만 리사는 선재를 놓치고 말았다. 놀이터 옆에 멈춰선 리사는 숨을 헐떡였다.

"아…… 다리 아파!"

비틀거리며 놀이터 안으로 들어간 리사가 그네에 털썩 주저앉았다. 그네를 천천히 흔들며 리사는 선재에 대해 생각했다.

"엄마가 너무 심했어. 선재가 얼마나 자존심이 상했을까?"

한편으론 선재가 걱정되면서도 리사는 찬영이의 말이 자꾸 귓가를 맴돌았다.

"선재는 우리와 달라. 좋든 싫든 선재는 우리와는 다르게 살게 될 거야."

솔직히 리사도 선재가 양식 정찬을 먹는 법을 모를 줄은 몰랐다. 마지막에 스테이크를 엄마 접시로 날려버렸을 때는 리사조차 기겁했다.

리사가 어둑해진 하늘을 올려다보며 한숨을 푹 쉬었다. 인기척이 들려온 것은 그때였다. 놀이터 안으로 들어서는 누군가를 발견하고 리사가 벌떡 일어섰다.

"선재니?"

"아니, 나야."

놀이터 안으로 들어온 것은 찬영이었다. 리사가 실망스런 표정을 지으며 다시 그네에 앉았다. 찬영이도 리사를 따라 그네에 엉덩이를 걸쳤다. 리사는 입을 꾹 다문 채 정면만 바라보았다. 찬영이가 엄마

를 도와 선재를 괴롭혔다는 생각을 떨칠 수 없었기 때문이다. 찬영이가 리사의 옆얼굴을 힐끗 보았다.

"사과할게."

"뭘?"

"내가 너무 옹졸했어. 선재한테 그렇게까지 하는 게 아니었는데."

"잘못한 걸 알긴 아는구나."

"당연히 알지. 나도 바보는 아니거든."

"대체 왜 그런 거야?"

"……."

"왜 그렇게 옹졸하게 굴었어?"

"정말 몰라서 물어?"

리사를 돌아보는 찬영이의 눈빛이 진지했다. 그 눈을 마주보며 리사는 당황했다.

"모, 모르니까 묻지."

"너를 좋아해서 그랬어."

"뭐, 뭐라고?"

"리사 너를 좋아해서 이선재를 질투했다고."

리사는 입을 쩍 벌린 채 아무 말도 못했다. 그런 리사의 얼굴을 들여다보며 찬영이 어둠속에서 눈을 빛냈다.

"강리사, 우리 정식으로 사귀자. 나의 여자친구가 되어주지 않을래?"

"어어! 나는…… 나는……"

리사는 너무 놀라고 당황하여 입술만 파르르 떨었다. 순간 리사의 몸 윤곽을 따라 빛이 희미하게 떠올랐다. 점점 강렬해지는 빛에 휩싸인 자신의 몸을 내려다보며 리사가 피식 웃었다.

"그래, 이 어색한 상황을 피할 수만 있다면 차라리 과거로 떨어지는 게 나을지도……."

리사의 모습이 빛과 함께 현실의 세계에서 홀연히 사라져버렸다.

4
간디와의 만남

　리사는 눈을 꼭 감고 있었다. 아직 눈을 뜨지도 않았지만 리사는 자신이 또 과거로 떨어져 있을 거라고 확신했다.
　"이번에는 또 어떤 시대일까……?"
　리사가 실눈을 뜨며 중얼거렸다.
　"허억!"
　눈을 뜨자마자 리사는 펄쩍 뛸 듯이 놀랐다. 피부가 까무잡잡한 또래의 소년이 코가 닿을 듯 가까운 거리에서 얼굴을 들이민 채 살피고 있었기 때문이다. 천을 허리에 둘러 발목까지 길게 늘어뜨린 인도 전통 복장을 입고 머리에는 터번을 두른 소년은 무슨 예식이라도 치르는 듯 목에 커다란 화환을 걸고 있었다. 마른 체형에 반듯한 인상의 소년을 향해 리사가 물었다.

"너, 넌 누구니?"

"난 모한다스 간디야."

"모한다스 간디…… 간디라고? 네가?"

"그래."

시크하게 고개를 끄덕이는 간디를 리사가 입을 쩍 벌린 채 바라보았다. 그러고 보니 리사는 며칠 전부터 세기의 로맨스 중 '간디와 카스투르바' 편을 읽고 있던 기억이 떠올랐다.

"이게 어딘가에 있을 텐데……?"

주위를 두리번거리던 리사의 눈에 간디의 발 앞에 떨어져 있는 두꺼운 양장본 책이 보였다. 리사가 책을 집으려고 팔을 뻗자 간디가 화들짝 물러섰다.

"무, 무슨 짓이야?"

리사가 책을 주우며 눈살을 찌푸렸다.

"책을 주우려는 건데 왜 정색을 하는 거야?"

"남자와 여자는 유별한 법이야. 예의를 지켜줘."

리사는 꼭 조선시대의 어린 선비를 보고 있는 듯한 기분이 들었다.

"내 이름은 리사야. 이렇게 만나게 된 것도 인연인데 잘 지내보자."

"……."

리사가 내민 손을 간디는 물끄러미 쳐다보았다. 리사가 손을 거두며 쑥스럽게 웃었다.

"나 참, 악수를 청한 사람을 부끄럽게 만드는구나, 너."

리사가 간디와 마주서 있는 천막 안을 휘 둘러보았다.

"그런데 지금은 정확히 몇 년도이고, 이곳은 대체 어디니?"

"그걸 정말 몰라서 물어?"

"모르니까 묻지."

"지금은 1882년이고 이곳은 인도야. 여긴 우리 집이고."

"흐음…… 1882년이란 말이지."

리사가 불쑥 간디의 목에 걸려 있는 화환을 가리켰다.

"그런데 왜 화환을 걸고 있는 거야?"

"그건……."

간디가 설명하려는데 천막 밖에서 부르는 소리가 들렸다.

"모한다스, 어서 나오너라!"

"예!"

간디가 천막 밖으로 나갔고, 리사도 그를 따라갔다.

밖으로 나오자마자 리사의 눈이 휘둥그레졌다. 이 층짜리 저택 앞에 펼쳐진 널찍한 마당에는 마치 운동회라도 하는 것처럼 형형색색의 풍선이 걸려 있고, 수십 명의 사람들이 예쁜 옷을 차려입고 서성이고 있었다.

"정말 무슨 행사라도 벌어지고 있는 건가?"

고개를 갸웃거리는 리사의 눈에 마당 한복판에 놓여 있는 탁자가 들어왔다. 탁자 위에는 온갖 전통 음식과 열대과일이 놓여 있었다.

그제야 리사는 이곳이 결혼식장임을 알아차렸다. 리사가 옆에 서 있는 간디를 흠칫 돌아보았다.

"혹시 너어……?"

간디가 우울하게 고개를 끄덕였다.

"그래. 오늘은 내 결혼식 날이야."

"하하! 네가 몇 살인데 결혼을 한다는 거야?"

순간 간디의 눈꼬리가 하늘로 향했다. 억지로 화를 참는 듯 입언저리가 씰룩거렸고, 허리께에서 움켜쥔 주먹은 부르르 떨렸다. 얼굴이 시뻘게진 간디가 내뱉듯이 말했다.

"인도에는 아이들을 일찍 결혼시키는 풍습이 있어. 나는 이 엉터리 같은 조혼제도가 정말 짜증나. 하지만 부모님이 원하시기 때문에 참을 수밖에 없다고."

"그, 그렇구나."

리사가 살짝 미안한 표정을 지었다. 이때 하객들 사이에서 환호성이 터져 나왔다.

"와아아!"

"신부가 입장한다!"

하객들 사이로 천천히 걸어오는 신부의 모습이 보였다. 역시나 인도 전통식으로 천을 허리에 감은 다음 어깨에 걸쳐 밑으로 늘어뜨린 화려한 사리를 입은 신부가 수줍은 얼굴로 다가왔다. 신부의 뒤로 소녀들이 따르며 앞날을 축복하는 꽃을 뿌려주었다.

리사는 고작 간디 또래로밖에 보이지 않는 어린 신부가 가여워서 견딜 수가 없었다. 남편이 될 간디는 이 결혼식 자체를 증오하고 있는 것이다. 증오 속에서 출발한 결혼생활이 행복할 리 없었다.

"어……?"

걱정스런 눈으로 간디를 돌아보던 리사가 고개를 갸웃했다. 탁자 앞으로 다가서는 신부를 바라보는 간디의 표정이 묘하게 변해 있었던 것이다. 간디의 눈은 아름다운 신부를 향한 열렬한 호감으로 빛을 발하고 있었다.

"쳇! 남자들이란……."

이때 결혼식의 주관자로 보이는, 콧수염을 멋들어지게 기른 남자가 간디를 가리키며 외쳤다.

"신랑도 입장하시오!"

"네!"

간디가 씩씩하게 대답하며 탁자 앞으로 다가갔다. 신랑과 신부가 마주서자 이번엔 주관자가 하객들 사이에 서 있는 중년 부부를 향해 손짓했다.

"신랑의 부모님도 이쪽으로 와서 서십시오."

엄한 인상의 아버지와 인자한 인상의 어머니가 탁자 옆으로 다가서자 주관자가 먼저 신부를 향해 근엄하게 물었다.

"비슈누신께 맹세코 신부는 신랑을 평생 존경하고 따르겠습니까?"

"네에……."

신부가 수줍은 목소리로 답했다.
"비슈누신께 맹세코 신랑은 평생 신부를 사랑하고 보호하겠습니까?"
"네!"
결혼하기 싫다고 징징거리던 게 언제냐는 듯 싱글벙글 웃는 간디의 얼굴을 리사가 곱지 않게 흘겨보았다.

날이 저물 때까지 떠들썩한 피로연이 이어졌다. 신랑신부의 친척들과 이웃들이 대부분인 하객들이 악사들의 연주에 맞춰 춤을 추며 먹고 마셨다. 리사도 덕분에 인도식 빵과 만두인 난과 사모사, 그리고 커리를 실컷 먹을 수 있었다.
"끄윽~ 아무래도 너무 많이 먹은 거 같아. 그런데 화장실이 어디에 있더라?"
리사가 불룩해진 배를 두드리며 저택의 긴 복도를 걸어갔다. 아까 하객들에게 들으니 간디의 아버지는 제법 부유한 것 같았다. 그래서인지 저택 안에는 방만 열 개가 넘었다. 여러 개의 방문을 열어보았지만 화장실은 발견할 수 없었다.
"쳇! 화장실은 대체 어디에 숨어 있는 거야?"
"흐흑~!"
누군가의 훌쩍이는 소리가 들려온 것은 그때였다.
"누가 이렇게 서럽게 울고 있는 거지?"
리사가 고개를 갸웃거리며 소리가 들리는 방향으로 걸음을 옮겼다. 복도 끝자락을 향해 걸어가던 리사가 멈칫했다. 방문 앞에 서서 안쪽에서 들려오는 울음소리에 귀를 기울이고 있는 간디의 모습을 발견했기 때문이다. 조용히 방문을 열고 들어가는 간디를 보고 리사가 고개를 갸웃했다.

　방문을 열고 들어간 간디는 어지럽게 걸린 여러 벌의 옷 사이에 쪼그리고 앉아 울고 있는 신부를 발견하고 멈칫했다. 겁 많아 보이는 어린 소녀의 커다란 눈엔 눈물이 그득했고, 곱게 화장했던 얼굴도 얼룩으로 범벅이 되어 있었다.

　"모, 모한다스님……!"

　간디를 발견한 신부는 눈물을 참아보려고 노력했지만 뜻대로 되지 않는 것 같았다. 간디가 신부 앞에 한쪽 무릎을 꿇고 앉아 들썩이는 어깨를 부드럽게 쓸어주었다.

　"서러우면 참지 말고 울어. 눈물을 억지로 참으면 병이 된다고 했어."

　"으허엉~"

　눈물을 왈칵 터뜨리는 어린 신부를 간디가 가만히 안아주었다. 간디의 품에 안겨 울던 그녀는 한참만에야 눈물을 그쳤다.

　"정말 고마워요. 덕분에 속이 시원해졌어요."

　"다행이야. 그런데 네 이름은 뭐니?"

　"네?"

　"실은 아직 너의 이름도 듣지 못했거든."

　"저, 저는 카, 카스투르바라고 해요."

"나는 모한다스야. 만나서 반가워, 카스투르바."

간디가 손을 내밀며 빙긋 웃었다. 간디의 얼굴을 멍하니 보던 카스투르바가 그의 손을 잡으며 미소를 지었다.

"저도 반가워요."

"우리 좀 이상하게 만났지만 앞으로 친하게 지내자, 응?"

"정말 고마워요. 모한다스님께 부족하지 않은 신부가 되도록 노력할게요."

간디와 카스투르바가 서로의 얼굴을 마주보며 환하게 미소 지었다. 리사가 방문을 벌컥 열어젖히고 들어온 것은 그때였다.

"그래, 우리 셋 다 친하게 지내자!"

"……!"

간디와 카스투르바가 눈을 동그랗게 뜨고 씨익 웃고 있는 리사를 돌아보았다. 카스투르바가 살짝 불안한 얼굴로 물었다.

"그런데 저 여자아이는 누구인가요?"

간디가 오히려 황당한 표정을 지었다.

"엥? 저 앤 카스투르바가 데려온 친구나 친척이 아니었어?"

"아닌데요. 오늘 처음 본 아이예요."

"그럼 넌 대체 누구야?"

동시에 눈을 치켜뜨는 간디와 카스투르바를 향해 리사가 억지로 웃어보였다.

"나, 나는 리사라고 해. 너희들은 상상조차 할 수 없는 아주 먼 곳에서 왔어. 그래서 부탁하는 건데, 한동안 이 집에서 너희들과 함께 지내면 안 될까?"

리사의 뻔뻔스런 얼굴을 간디와 카스투르바가 멍하니 쳐다보았다.

그때부터 간디와 카스투르바는 행복한 신혼생활을 시작했다. 간디가 카스투르바의 친구라고 적당히 둘러댄 리사도 함께 지내게 되었다. 간디는 조혼에 대한 부정적인 생각에도 불구하고 카스투르바와 사이가 좋았다. 때론 사이가 너무 좋아서 곁에서 지켜보는 리사가 조마조마할 정도였다.

대부분의 인도인들이 그렇듯 간디의 집안도 힌두교를 믿었다. 힌두교의 세 신 중에서도 세계의 질서와 인간들의 도덕을 관장하는 비슈누신을 숭배했는데, 비슈누신을 믿는 신도들은 인간의 욕망을 누르고 검소하게 생활하는 등 철저히 금욕적인 삶을 추구했다. 간디 역시 어려서부터 엄한 아버지의 가르침에 따라 이런 생활에 익숙해져 있었다. 그런데 카스투르바와 신혼생활이 너무 좋아지자 그는 차츰 이런 금욕적인 생활에서 멀어지게 되었다.

그는 한시라도 아내와 떨어져 있는 게 싫어서 외출까지 삼갔다. 학교에서도 아내의 얼굴이 자꾸만 떠올라서 수업에 집중할 수 없을 정도였다. 그래서 학교 종이 땡 하고 울리면 친구들이 부르는 소리도 무시하고 집으로 전속력으로 달려가곤 했다. 그런 간디를 손가락질하며 친구들은 혀를 찼다.

"왜 저러지?"

"또 아내한테 달려가는 게지."

"완전히 아내에게 푹 빠졌군."

"끌끌~ 요즘 간디가 변해도 너무 심하게 변했어."

행복하기만 하던 간디의 신혼생활에 불행의 그림자가 드리운 것은 그해가 지나고 새로운 봄이 찾아왔을 무렵이었다. 간디의 아버지가 갑자기 중병에 걸린 것이다. 겨우내 시름시름 앓던 아버지는 봄이 시작되자마자 결국 몸져눕고 말았다. 간디의 어머니는 물론 모든 가족들이 집안의 가장을 걱정하며 간호에 매달렸다. 간디도 예외일 수는 없었다. 그는 며칠씩이나 밤을 새우며 점점 병세가 악화되는 아버지를 보살폈다. 당연히 간디는 아내인 카스투르바와 보내는 시간이 줄어들 수밖에 없었다.

날씨가 점점 푸근해지는 늦봄의 어느 밤, 간디는 아버지를 간호하고 있었다. 열 때문에 얼굴이 벌겋게 달아오른 아버지의 이마에 물수건을 올려주며 간디는 한숨을 길게 몰아쉬었다.

"후우우……!"

물론 회복될 기미가 보이지 않는 아버지의 병세 때문이었다. 하지만 또 한 가지 간디를 힘들게 하는 게 있었다. 아내가 너무 보고 싶었던 것이다. 간디가 아버지의 얼굴에 귀를 갖다 댔다. 아버지는 제법 편안한 숨을 몰아쉬며 잠들어 있었다. 입술을 잘근잘근 깨물며

골똘히 생각에 잠겨 있던 간디가 나직이 중얼거렸다.

"벌써 사흘째 카스투르바의 얼굴도 보지 못했어. 아내도 내가 많이 보고 싶을 텐데……."

한동안 망설이던 간디가 스윽 자리에서 일어섰다.

"죄송해요, 아버지. 잠깐 가서 카스투르바의 얼굴만 보고 올게요. 그동안 잘 주무시고 계세요."

간디가 아버지의 가슴까지 이불을 끌어올려주곤 조용히 방문을 열고 나갔다.

"모한다스님, 어떻게 오신 거예요?"

방문을 열고 들어오는 간디를 발견한 카스투르바의 눈이 휘둥그레졌다. 간디가 놀란 아내의 손을 와락 잡았다.

"어떻게 오긴? 당신이 보고 싶어서 왔지."

"하지만 오늘 밤 아버님의 간호를 맡는다고 하셨잖아요."

"아버지는 깊이 잠들어 계셔."

"그렇다고 아버님만 남겨두고 오신 거예요……?"

걱정스런 표정을 짓는 아내의 얼굴을 들여다보며 간디가 섭섭한 듯 투정을 부렸다.

"당신이 보고 싶어서 달려왔는데, 당신은 내가 반갑지 않은 모양이군. 정 그렇다면 나는 돌아가겠어."

돌아서는 간디의 팔을 카스투르바가 재빨리 붙잡았다.

"미안해요. 내가 잘못했으니 화를 푸세요."

"쳇!"

카스투르바가 단단히 삐진 간디를 테이블로 인도했다. 그리고 인도 전통 밀크티인 짜이를 내왔다. 차를 마시며 어린 부부는 날이 새는 줄도 모르고 대화를 나누었다. 딱 한 시간만 아내와 대화를 나누고 돌아갈 생각이었던 간디는 밤이 깊은 줄도 모르고 새벽까지 아내의 방에 머물렀다. 창문이 뿌옇게 밝아올 무렵, 밖에서 갑자기 왁자한 소리가 들려왔다.

"의사를 불러요!"

"마님을 모셔라!"

"모한다스! 모한다스는 어디에 있느냐?"

놀란 간디가 자리를 박차고 일어섰다.

"이게 무슨 소리지?"

"아버님께 무슨 일이 생긴 모양이에요. 어서 가보세요! 어서요!"

"아, 아버지……!"

아버지의 방문을 열고 들어간 간디는 충격적인 광경에 눈을 부릅떴다. 아버지의 얼굴에는 이미 흰색 가운이 덮여 있었다. 그 앞에서 어머니와 친척들이 눈물을 훔치는 가운데 숙부가 엄한 얼굴로 돌아보았다.

"모한다스, 어디에 다녀오는 길이냐? 네가 방을 비운 사이 형님께서 돌아가셨단 말이다!"

"오…… 아버지!"

절망에 빠진 간디는 털썩 무릎을 꿇고 말았다.

그날 간디가 받은 충격은 대단한 것이었다. 아버지의 죽음은 예고된 것이었지만 그는 자신이 아내에게 빠져 자리를 비우는 바람에 아버지가 돌아가셨다고 믿게 되었다. 그때부터 간디의 태도는 백팔십도 바뀌었다. 그는 결혼 전보다 훨씬 더 금욕적으로 변해 아내 근처에는 가려고도 하지 않았다. 달콤했던 신혼생활은 순식간에 삭풍이 몰아치는 겨울 들판처럼 황량하게 변해버리고 말았다. 카스투르바의 오랜 외로움이 이렇게 시작되었던 것이다.

여름이 지나고 가을이 올 때까지 간디는 카스투르바를 찾지 않았다. 외로움에 지쳐가는 카스투르바를 보다 못한 리사가 별채에서 따로 지내고 있는 간디를 찾아갔다. 별채는 본채와 떨어진 마당 구석에 위치한 나무로 지은 작은 집이었다. 간디의 방문 앞에 선 리사가 노크부터 했다.

똑똑!

"……."

안에서 아무 대답도 들려오지 않자 리사는 조심스럽게 문을 열고 들어갔다. 방안의 진풍경을 발견하고 리사는 깜짝 놀랐다. 사방에 놓인 수십 개의 촛대에서 촛불이 은은히 타오르는 방 한복판에서 간디는 새하얀 옷을 입은 채 경건하게 무릎을 꿇고 있었다. 양손을 모으고 기도 중인 간디의 시선은 정면의 단 위에 놓인, 네 개의 팔을 가진 비슈누신의 청동상을 향한 채였다. 간디의 분위기가 너무 진지해서 리사는 함부로 소리를 낼 수가 없었다. 한참만에야 리사가 간신히 말을 걸었다.

"저기…… 모한다스?"

"……."

"나야, 리사."

"……."

간디가 여전히 입을 꾹 다물고 있자 리사는 슬슬 부아가 치밀었다. 리사가 손바닥으로 간디의 등짝을 찰싹 때렸다.

"사람을 무시하는 거야?"

"아얏! 무슨 짓이야?"

간디가 버럭 화를 내며 리사를 돌아보았다. 리사도 지지 않고 눈을 치켜떴다.

"그러게 여러 번 불렀잖아."

"기도 중인 거 안 보여?"

"기도 중에는 사람을 막 무시해도 되는 거야?"

"기도하는 사람을 부른 게 잘못이지."

"하아……!"

기가 막히다는 듯 한숨을 내쉰 리사가 간신히 화를 참는 목소리로 용건을 꺼냈다.

"알았으니까 기도 대충 끝났으면 빨리 가자."

"가다니? 어딜?"

"어디긴 어디야? 부인이 애타게 기다리고 있는 방이지."

간디가 다시 비슈누 청동상을 향하며 무뚝뚝하게 대답했다.

"미안하지만 오늘은 물론 앞으로도 내가 방으로 가는 일은 없을 거야."

"그, 그게 무슨 헛소리야?"

"나는 아내에게 빠져서 아버지의 임종조차 지키지 못한 죄인이야. 다시는 그런 어리석은 욕망에 빠지고 싶지 않아."

"이게 말이야, 방귀야……!"

흥분한 리사가 목소리를 높였다.

"아버지 때문에 괴로워하는 마음은 알겠어. 하지만 아버지의 죽음이 너의 잘못은 아니야. 카스투르바의 잘못은 더더욱 아니지. 그러니까 쓸데없는 고집 피우지 말고 그녀에게 돌아가."

"싫어!"

"너어 정말……!"

리사의 눈꼬리가 하늘로 향했다. 간디가 이렇게 무책임한 사람이었다니! 리사의 실망감은 이만저만이 아니었다. 리사의 마음을 아는지 모르는지 간디가 손가락으로 비슈누 신상을 가리켰다.

"비슈누신의 네 개의 팔이 보이지? 네 개의 팔에는 각각 방망이, 소라고둥, 연꽃, 원반이 들려 있어. 세상의 질서와 도덕이 무너졌을 때 신께서 땅으로 내려오셔서 저 방망이로 악을 내쫓고, 소라고둥을 불어 타락한 인간들을 깨워 세상을 정화시키는 것이지. 나는 비슈누 신의 방망이에 머리를 맞았고, 소라고둥 소리에 정신을 차렸어. 다시는 아내한테 빠져 신의 가르침을 저버리는 일은 없을 거야."

"……!"

기가 막힌 듯 간디를 보던 리사가 툭 내뱉었다.

"그럼 카스투르바는 어떻게 하라고?"

간디가 냉담하게 대답했다.

"그녀의 인생은 그녀가 알아서 할 몫이야."

"뭐 이런 고집불통이 다 있지……?"

리사가 질려버렸다는 듯 고개를 절레절레 흔들었다.

5
영국 유학

    간디는 공언했던 대로 철저하게 금욕적인 생활을 했다. 그는 육식을 삼갔고, 친구들과 놀지 않았으며, 주로 서재에서 책을 읽거나 명상을 하면서 시간을 보냈다. 물론 카스투르바에겐 철저히 무관심했다. 간디로부터 관심을 받지 못한 카스투르바는 시든 꽃처럼 빛을 잃어갔다. 리사가 곁에서 말동무가 되어주고 정성을 다해 위로도 해주었지만 별 도움이 되지 못했다. 계절이 겨울로 바뀌어 아침과 저녁으로 제법 쌀쌀해진 거리를 내다보며 그녀는 씁쓸히 중얼거리곤 했다.

    "모한다스님이 나를 좋아하지 않는 건 당연해. 나처럼 볼품없는 여자를 누군들 좋아하겠어?"

    "자신을 비하하지 마, 카스투르바. 너는 충분히 예쁘고 소중한 사람이야."

리사가 기운을 차리게 해주려고 노력했지만 모두 부질없는 시도였다. 카스투르바에겐 오직 남편의 사랑과 애정이 필요했던 것이다. 가끔 울화가 치민 리사가 간디의 방문을 열어젖히고 항의했지만 그는 비슈누신에게 기도를 드리며 이렇게 말할 뿐이었다.

"나는 이미 나의 길을 정했어. 카스투르바에게 아무것도 기대하지 말고 스스로의 길을 찾으라고 전해줘."

"너는 정말 무책임한 녀석이야!"

아버지가 세상을 떠나고 나자 집안의 가세는 급격히 기울었다. 간디는 어려워진 집안을 다시 일으키기 위해 고심 끝에 법조인이 되기로 결심했다.

봄이 되자 간디는 어머니에게 인도를 지배하고 있는 영국으로 법률 공부를 하러 유학을 떠나고 싶다고 말했다.

"그래, 네가 법조인이 되어 돌아온다면 우리 집안에도 좋은 일이지."

어머니는 찬성했지만 문제는 다른 친척들이었다. 특히 간디의 숙부들은 간디가 영국으로 유학을 떠나면 종교에 반대되는 탐욕스런 생활을 하게 될 것이라면서 반대했다. 간디는 숙부들을 직접 만나 설득하기로 했다.

"숙부님들도 아시다시피 저는 힌두교의 교리에 어긋나는 행동은 절대 하지 않고 있습니다. 영국에서도 제 생활은 절대 변하지 않을 겁니다. 그러니 제가 유학을 떠날 수 있도록 허락해주세요."

오랜 고민 끝에 친척들은 간디에게 절대로 종교에 반하는 행동을 하지 않겠다는 맹세를 받고 허락했다. 천신만고 끝에 간디는 영국으로 떠날 수 있게 되었다. 문제는 인도를 떠나기 하루 전에 터졌다. 간디가 아내인 카스투르바를 남겨두고 떠나겠다고 선언했기 때문이다. 저녁 식탁에서 간디로부터 이와 같은 소식을 전해들은 카스투르바는 아연실색했다.

"저, 저도 모한다스님을 따라가면 안 될까요?"

애원조로 부탁하는 카스투르바를 향해 간디가 냉담하게 말했다.

"영국은 먼 나라요. 또한 가세가 기운 탓에 나는 런던에서 궁핍한 생활을 해야만 하오. 당신까지 보살필 여력이 없다는 뜻이오."

"예에……."

카스투르바는 더 이상 조르지 못하고 고개를 푹 숙였다. 그녀를 대신해 리사가 항의했다.

"모한다스, 카스투르바는 네 아내야. 당연히 함께 떠나야지."

"형편이 안 된다고 했잖아."

간디가 고집을 피우자 리사가 그의 어머니에게 도움을 청했다.

"어머니께서 한 말씀해주세요."

"으음……."

고민하던 어머니가 며느리를 설득했다.

"나도 혼자 지내려니 너무 적적하구나. 네가 이곳에서 나와 함께 머물며 모한다스가 돌아오길 기다리도록 하자꾸나."

"네, 어머니."

고개를 끄덕이는 카스투르바의 눈에서 금방이라도 눈물이 떨어질 것 같았다. 리사는 간디가 얄미워서 사납게 째려보았다.

"뭐라고? 나보고 모한다스를 따라가 달라고?"

카스투르바와 함께 방으로 돌아온 리사가 눈을 크게 떴다.

"내가 왜?"

"세상 어떤 여자가 남편을 혼자 먼 외국으로 보내고 싶겠어. 내가 따라가면 좋겠지만 그게 불가능하다면 리사라도 그의 곁을 지켜주었으면 해."

"무슨 말인지는 알겠지만……."

리사는 카스투르바의 마음을 이해할 수 있을 것 같았다. 하지만 간디를 따라 영국으로 간다는 건 만만한 일이 아니었다.

"일단 모한다스가 허락할 리 없어. 내가 따라가겠다고 하면 생활비가 모라자네 어쩌네 하면서 펄펄 뛸 게 분명하다고."

"뭔가 방법이 없을까?"

울상 짓는 카스투르바를 보며 리사가 한숨을 푹 쉬었다.

"정 그렇다면 방법을 찾아볼게."

다음 날 아침에 간디는 뭄바이 항에서 영국으로 향하는 증기선에

올랐다. 짧게는 4년, 길게는 6년 정도 공부할 계획이었기 때문에 짐도 엄청나게 많았다. 선원들이 어른 한 명은 충분히 들어갈 정도로 커다란 트렁크 세 개를 끙끙거리며 옮겼다. 뱃삯을 아끼려고 얻은 2등칸의 지저분한 방에 그들이 트렁크를 거칠게 놓았다.

"어이구~ 무거워!"

"대체 안에 뭐가 들어 있는 거야?"

간디가 선원들에게 팁을 건넸다.

"고생하셨어요."

선원들이 돌아가자마자 간디가 문을 닫고 좁은 침대에 엉덩이를 걸쳤다. 난생처음 집을 떠나 혼자가 된다고 생각하니 왠지 우울한 기분이 들었다.

"후우…… 내가 과연 잘해낼 수 있을까?"

덜컹!

눈앞에 놓인 가장 큰 트렁크가 들썩인 것은 그때였다.

"방금 뭐였지?"

고개를 갸웃하는 간디의 눈앞에서 트렁크가 다시 들썩였다. 간디가 황당한 표정으로 트렁크를 열었다. 동시에 리사가 불쑥 얼굴을 불쑥 내밀었다.

"후아아…… 숨 막혀 죽는 줄 알았네!"

"리, 리사! 네가 여기서 뭐하는 거야?"

리사가 트렁크에서 빠져나오며 무뚝뚝하게 대꾸했다.

"카스투르바의 부탁을 받았어. 너와 함께 영국으로 가서 네가 유학 생활을 잘할 수 있도록 도와주래."

넋이 나갔던 간디가 벌떡 일어나 문고리를 잡았다.

"배가 출발하기 전에 당장 내려! 당장!"

뿌우우우-!

이때 뱃고동이 길게 울리며 배가 움직이기 시작했다. 리사가 문고리를 잡고 있는 간디를 향해 어깨를 으쓱했다.

"후훗! 이젠 어쩔 수 없게 됐네."

"리사! 나한테 대체 왜 이러는 거야?"

화를 참지 못하고 언성을 높이는 간디를 향해 리사가 눈을 치켜떴다.

"그러게 처음부터 카스투르바를 데려왔으면 좋았잖아."

"그녀를 데려갈 수 없는 사정을 얘기했잖아."

"다 핑계로 들리던걸."

"끄으으……!"

이를 악물고 리사를 쏘아보던 간디가 협박조로 으르렁거렸다.

"선원들에게 알리겠어."

"선원들이 밀항자들을 어떻게 처리하더라? 그들이 날 바다에 던져 버려도 상관없다면 마음대로 해."

"리사!"

리사가 침대에 벌러덩 누워버렸다.

"아아…… 피곤해. 한숨 잘 테니까 깨우지 마."

열흘이 넘는 항해 끝에 간디와 리사는 영국 런던에 도착했다. 간디는 학교 근처 누추한 하숙집에 방을 얻었고, 그 좁은 방에서 리사와 함께 지냈다.

공부를 시작했지만 학교생활은 녹록치 않았다. 빠듯한 생활비도 문제였지만 무엇보다 그를 괴롭히는 것은 영국 학생들의 유색인종 차별이었다. 그들은 동양의 식민지에서 날아온 간디를 친구로 대우하지 않았다. 학교에 등교할 때면 반드시 터번을 두르는 등 인도의 전통을 고집하는 간디의 태도도 영국 학생들을 도발하는 데 한몫했다. 그들은 간디의 면전에서 모욕적인 언사를 서슴지 않았다.

"저기 원숭이가 간다!"

"하인 녀석아, 이리로 와서 테이블 좀 치워!"

"네 녀석이 법관이 된다면 법정은 동물원이 되는 셈인가?"

식민지 출신 유학생에 대한 모욕적인 태도는 학생들뿐 아니라 교수들도 마찬가지였다. 그들은 간디를 은근히 무시했고, 툭하면 어려운 과제를 내서 곤경에 빠뜨리곤 했다. 하지만 간디는 절대 굴복하지 않고 핍박과 모욕을 꿋꿋하게 참아냈다. 자신을 비웃는 학생들은 그들보다 몇 배 뛰어난 성적으로 굴복시켰고, 자신을 노골적으로 무시하는 교수들에겐 절대로 고개를 숙이지 않았다.

"그들이 나를 무시한다면 나도 그들을 무시하겠어. 이것이 바로 비슈누신이 가르쳐주신 인간들을 대하는 방법이야."

어떠한 상황에서도 자존심을 지키는 간디에게 리사 또한 감탄을

금할 수 없었다.

간디가 다니는 법학과에 피터스라는 노교수가 있었다. 그는 전형적인 영국인으로 간디를 가장 무시하는 교수 중 한 명이었다. 간디는 자신의 철칙에 따라 그와 마주쳐도 절대 고개를 숙이지 않았다. 피터스가 그런 간디를 더욱 못마땅하게 생각한 것은 당연한 일이었다.

하루는 간디가 대학 식당에서 리사와 함께 점심을 먹고 있는데 피터스 교수가 앞자리에 앉았다. 간디는 그를 힐끗 쳐다보았을 뿐 아는 체도 하지 않았다. 못마땅한 시선으로 간디를 노려보던 교수가 거드름을 피우며 입을 열었다.

"간디, 자네가 아직 잘 모르는 모양인데 돼지와 새가 마주앉아서 식사를 하는 경우는 없다네."

간디가 냅킨으로 입가를 슥슥 훔치고 나서 식판을 들고 일어섰다.

"죄송합니다, 교수님. 제가 얼른 다른 곳으로 날아가겠습니다."

"……!"

멍청한 표정을 짓는 교수를 보며 리사가 참지 못하고 웃음을 흘렸다.

"킥……!"

복수심을 활활 불태우던 교수는 이번엔 강의실에서 간디에게 망신을 주려고 했다. 교수가 간디를 향해 불쑥 질문을 던졌다.

"간디."

"예."

"자네가 길을 걷고 있다가 두 개의 자루를 발견했네. 그런데 한 자루에는 돈이 가득 들어 있고 다른 자루에는 지혜가 가득 들어 있었지. 둘 중 하나만 가질 수 있다면, 자넨 어느 쪽을 택하겠나?"

학생들은 간디가 당연히 지혜의 자루를 택할 거라고 생각했다. 그런데 간디는 뜻밖의 대답을 했다.

"당연히 돈 자루입니다."

피터스 교수가 혀를 끌끌 찼다.

"역시 인도인들은 속물이로군. 내가 자네 입장이었다면 당연히 지혜를 택했을걸세."

강의실에 있던 다른 학생들도 한심하다는 듯 간디를 돌아보았다. 간디가 피터스 교수를 쳐다보며 히죽 웃었다.

"사람은 원래 자신이 가지고 있지 않은 것을 선택하는 법이죠."

"뭐, 뭐가 어째?"

피터스 교수의 얼굴이 새파랗게 질렸다.

간디는 이처럼 자존심이 강하고 유머감각도 뛰어났다. 어떤 영국 학생에게도 뒤지지 않을 정도로 머리가 비상했고, 자신이 옳다고 생각하는 일은 끝까지 밀어붙일 정도로 실행력도 갖추고 있었다. 리사가 무엇보다 대단하다고 생각한 것은 그의 철저한 금욕생활이었다. 고향인 인도에서 수만 킬로 떨어져 있었지만 간디는 채식을 고집했고, 기도 시간을 어긴 적이 한 번도 없었다. 또한 잠을 잘 때를 제외

하곤 법전과 힌두교 경전을 손에서 놓는 법이 없었다.

"간디는 참 대단한 남자야. 카스투르바에게 살갑게만 대해주면 완벽할 텐데 말이야."

열심히 공부한 덕분에 간디는 3년 만에 학업을 마칠 수 있었다. 그리고 그해 초여름 변호사 면허도 취득했다. 영국 고등법원에 법조인으로 정식 등록된 간디는 인도 귀국길에 올랐다.

뭄바이 항에 나란히 내리며 리사가 간디를 향해 물었다.

"누가 가장 보고 싶어?"

"그야 물론 어머니지."

"그럼 카스투르바는?"

"……."

간디는 대답하지 않았다.

"카스투르바에게 잘해줘. 우리가 영국에 있는 동안 당신만 믿고 기다린 그녀의 마음을 헤아려야……."

"모한다스님!"

이때 누군가 부르는 소리가 들렸다. 몇 걸음 앞쪽에 서 있는 카스투르바를 발견한 리사의 눈이 휘둥그레졌다. 카스투르바는 그새 성숙한 처녀가 되어 있었다. 라사가 그녀를 향해 달려가 와락 안았다.

"카스투르바, 보고 싶었어!"

"리사, 무사히 돌아왔구나!"

서로의 등을 토닥여주는 두 사람을 지켜보던 간디가 의아한 목소리로 물었다.

"어머니는 어디 계시지?"

"!"

카스투르바가 흠칫 놀라며 간디를 돌아보았다. 쉬이 입을 열지 못하고 부들부들 떠는 카스투르바를 리사도 이상하다는 듯 보았다.

"어머니는 왜 안 나오셨어?"

"그게…… 그게 실은……."

카스투르바가 눈물을 왈칵 터뜨렸다.

"어머니는 석 달 전에 돌아가셨어요!"

"뭐, 뭐라고……?!"

간디가 마른하늘에 날벼락을 맞은 사람처럼 입을 쩍 벌렸다. 리사도 충격을 이기지 못하고 눈을 부릅떴다. 눈물을 뚝뚝 흘리는 카스투르바의 얼굴을 멍하니 바라보던 간디가 떨리는 목소리로 입을 열었다.

"카스투르바, 똑바로 말해 보시오. 어머니가 돌아가셨다고?"

"그, 그래요."

"그런데…… 그런데 왜 나한테 말하지 않은 거요!"

"으흐흑!"

"왜 인도로 돌아오라고 말하지 않았느냐고! 왜!"

간디가 아무 대답도 못하고 흐느끼는 카스투르바의 어깨를 붙잡고 사납게 흔들었다. 카스투르바가 눈물을 줄줄 흘리며 겨우 대답했다.

"어머님이 절대 연락하면 안 된다고 하셨어요! 모한다스님이 학업을 끝내고 돌아오면 그때서야 말하라고 하셨다고요!"

"으허어엉! 어머니!"

간디가 그 자리에 털썩 주저앉아 울부짖었다.

가까스로 충격을 이겨내고 간디는 뭄바이에서 변호사로 개업했다. 시내의 허름한 건물 이층에 좁은 사무실을 마련했고 리사가 조수 역할을 맡았다. 일은 잘 되지 않았다. 의뢰인은 거의 없었고, 어쩌다 맡는 사건들도 폭행이나 작은 사기 사건 등이 전부였다.

"후우우…… 유학을 마치고 돌아오면 변호사로 크게 성공할 줄 알았는데, 현실은 만만치 않구나."

간디는 크게 낙담했다. 변호사 일로 버는 돈은 집세와 생활비를 충당하기에도 빠듯했다. 하지만 카스투르바는 불평 한 마디 하지 않고 간디가 벌어다주는 얼마 되지 않는 돈으로 살림을 꾸려나갔다. 그녀의 헌신과 인내심에 리사는 새삼 감탄했다. 하지만 간디는 여전히 아내에게 냉담했다.

"잘 생각해봐, 모한다스. 세상에 카스투르바처럼 착한 아내가 또 어디에 있겠어?"

"……."

리사가 틈이 날 때마다 말했지만 그의 태도는 바뀌지 않았다. 그런데 위기에 빠져 있는 간디를 구원해준 것은 그가 그처럼 무시하던 아내였다.

　화창한 여름날 점심에 리사는 변호사 사무실 근처에서 카스투르바를 만났다. 오랜만에 점심식사를 함께 하기 위해서였다. 두 사람은 왁자한 시장으로 들어갔다. 인도의 시장 풍경이 다 그렇듯 그곳에서도 수많은 음식을 팔고 있었다. 리사가 난과 사모사를 파는 좌판에 카스투르바와 함께 앉았다. 리사가 손을 번쩍 쳐들고 인상 좋은 주인아저씨를 향해 외쳤다.

　"여기 난 두 개와 사모사 한 접시요!"

　"알겠습니다, 예쁜 손님들!"

　"호호! 저 아저씨가 사람을 볼 줄 아네."

　리사가 호탕하게 웃자 카스투르바도 손으로 입을 가린 채 따라 웃었다. 두 사람은 인도 전통의 구운 빵과 만두를 맛있게 먹었다. 바로 그때 옆자리에 앉은 잘 차려입은 신사 둘이 낮은 소리로 대화를 나누는 소리가 들렸다.

　"남아프리카의 백인들이 계속 우리 회사의 사업을 방해하고 있어."

　"이대로 당하고 있을 수만은 없어. 소송이라도 벌여야지."

　"하지만 백인 변호사들은 인도인의 회사를 위해 변호하지 않는다고."

　"그럼 인도인 변호사를 써야지."

　"유능한 인도인 변호사를 찾는 게 얼마나 힘든 일인지 자네도 알잖나."

　평소 수줍음 많은 카스투르바가 신사들을 향해 불쑥 말을 건 것은 바로 그때였다.

"저…… 혹시 인도인 변호사를 찾고 계신가요?"

신사들이 의아한 듯 돌아보았다.

"그렇소만."

"실례지만 아가씨는 누구시오?"

"저는 카스투르바라고 해요. 실은 제가 굉장히 유능한 인도인 변호사를 알고 있거든요."

"……?"

6
운명의 땅 남아프리카로

 카스투르바의 안내로 두 신사는 간디의 사무실을 방문했다. 하지만 좁고 누추한 사무실에 힘없이 앉아 있는 간디의 모습에 적잖이 실망한 것 같았다. 돌아가려는 신사들의 앞을 가로막은 것은 카스투르바였다.
 "여러분이 고민 중인 소송에 대해 어떻게 대응할지 한번 물어보세요. 어차피 돈이 드는 것도 아니잖아요."
 "으음······."
 신사들은 잠시 망설이다가 카스투르바와 간디의 얼굴을 번갈아 쳐다보았다. 그리고 결심한 듯 간디를 향해 차례로 말했다.
 "우리는 남아프리카의 나탈주에서 금광을 운영하고 있는 사업가요. 그런데 남아프리카를 지배하는 백인들이 우리 회사를 계속해서 차별

하고 있어서 그 문제를 상담하러 왔소."

"얼마 전에는 우리가 채굴한 금에 대해서만 세금을 두 배로 올려서 우리는 나탈의 주도인 더반의 법원에 재판을 신청한 상태요. 하지만 현재로서는 그리 좋은 결과가 예상되지 않소. 자, 당신이라면 어떻게 우리 회사를 변호하겠소?"

간디는 갑자기 나타나 질문을 퍼붓는 두 신사와 그들 옆에 서 있는 카스투르바, 리사를 황당한 듯 쳐다보았다. 상황을 파악한 간디의 표정이 곧 진지하게 변했다.

"저 같으면 남아프리카에 있는 백인들에게 나탈 주정부의 불평등에 대해 호소하겠습니다."

신사들이 황당한 표정을 지었다.

"그, 그게 무슨 말입니까?

"우리를 핍박하는 백인들에게 호소하다뇨?"

간디가 빙그레 미소 지었다.

"남아프리카에는 두 종류의 백인이 있지 않습니까?"

"그게 무슨……?"

"지금의 남아프리카를 건설한 것은 네덜란드계 백인 보어인들입니다. 그런데 나중에 영국인들이 몰려들면서 보어인들의 이권을 빼앗고 있지 않습니까? 당연히 보어인들과 영국인들의 사이는 좋지 않지요. 그들에게 인도계 회사가 받고 있는 불평등한 대우에 대해 호소한다면 동정 여론을 얻을 수 있지 않을까요?"

"아……!"

두 신사가 동시에 감탄사를 내뱉었다. 신사들이 간디를 향해 손을 내밀며 씨익 웃었다.

"반갑소, 간디 씨."

"남아프리카로 가서 우리 회사의 변호를 맡아주시오."

간디가 신사들과 힘주어 악수했다.

"기꺼이 제안을 받아들이겠습니다."

신사 중 한 명이 카스투르바를 가리켰다.

"그런데 이 대단한 여성은 누굽니까? 이분이 아니었다면 우리는 결코 만날 수 없었을 겁니다."

"……."

간디가 선뜻 대답하지 못하고 카스투르바의 얼굴을 바라보았다. 카스투르바는 물론 리사도 긴장된 얼굴로 간디의 입만 보았다. 잠시 후, 간디가 착 가라앉은 목소리로 대답했다.

"제 아내입니다."

신사들의 눈이 휘둥그레졌다.

"아하, 그래서 그렇게 적극적으로 간디 씨를 소개했군요."

"정말 훌륭한 부인을 두셨습니다, 간디 씨!"

"으음……."

신사들의 칭찬이 이어졌지만 간디의 표정은 썩 밝지 않았다.

간디는 본격적으로 남아프리카로 떠날 준비를 시작했다. 사무실도 정리하고, 맡고 있던 자잘한 사건들도 다른 변호사에게 넘겼다. 그러던 어느 날 저녁, 카스투르바가 간디의 방문을 열고 들어왔다.

"모한다스님, 잠깐 얘기 좀 할 수 있을까요?"

"으음……."

"아주 잠깐이면 돼요."

"들어와요."

"고마워요."

간디가 트렁크에 옷가지를 담으며 물었다.

"무슨 일이오?"

"이번에도 혼자 남아프리카로 떠날 건가요?"

"!"

순간 간디가 움찔했다. 입술을 지그시 깨문 채 생각에 잠겨 있던 간디가 카스투르바를 향해 돌아섰다.

"카스투르바, 미안하지만 인도에 남아줘요."

"……."

"남아프리카는 영국보다 몇 배는 더 험난한 곳이오. 온갖 독충과 맹수들이 득실거리고, 보어인과 영국인들 사이에는 긴장감이 고조되고 있소."

"그, 그래도 같이 가고 싶어요. 절대 방해가 되지 않을 테니, 제발 데려가주세요."

"미안하오."

"……."

당장이라도 눈물을 터뜨릴 듯 와들와들 떨던 카스투르바가 갑자기 털썩 무릎을 꿇었다.

"아버님이 돌아가신 게 제 잘못이란 걸 알고 있어요! 어머님을 제대로 보살피지 못한 것도 제 잘못이에요! 하지만 저는 여전히 모한다스님의 아내예요! 데려가서 하녀처럼 부리시더라도 제발 곁에 있게만 해주세요!"

"으음……!"

연신 머리를 조아리는 아내를 내려다보는 간디의 입술 사이로 고통스런 신음이 흘러나왔다. 간디는 말해주고 싶었다. 아버지의 죽음과 어머니의 죽음은 카스투르바의 잘못이 아니라고. 하지만 그는 결국 아무 말도 하지 못했다. 간신히 입술을 달싹여 이렇게 내뱉었을 뿐이다.

"알았으니까 빨리 준비해요."

"그, 그럼 저도 데려가주신다는……?"

"나중에 고생스럽다고 날 원망하지나 마시오."

"꺄악! 고마워요, 모한다스님!"

어찌나 기쁜지 카스투르바가 펄쩍펄쩍 뛰며 방을 빠져나갔다. 밖에서 가슴 졸이며 기다리던 리사도 함께 기뻐해주었다.

그로부터 정확히 열흘 후, 간디는 남아프리카공화국 나탈에 도착했다. 이번에는 리사뿐 아니라 카스투르바도 함께였다. 나탈은 생각보다 번화한 도시였다. 한창 개발이 진행 중인 도시에는 네덜란드계 후손인 보어인들과 영국에서 건너온 백인들, 그리고 토착 흑인들이 한 데 뒤섞여 북새통을 이루고 있었다. 그런 사람들 사이로 바나나와 코코넛 등 열대과일과 석탄 등을 가득 실은 마차들이 뿌옇게 흙먼지를 일으키며 내달렸다.

트렁크를 하나씩 들고 멍청히 선 간디와 카스투르바, 리사는 어느새 먼지투성이로 변했다. 이때 작은 키에 소심해 보이는 인상의 인도 청년이 헐레벌떡 달려왔다.

"혹시 간디 씨입니까?"

"그렇소만."

"반갑습니다. 저는 라브라고 합니다. 인도 라만다 채굴회사의 사원이죠."

"만나서 반갑소, 라브."

"안내하겠습니다."

라브는 간디와 친구들을 나탈 중심부에 있는 라만다 채굴회사로 안내했다. 사옥은 삼 층짜리 낡은 건물이었다. 그곳에서 인도인들과 흑인들이 대부분인 직원들이 무더운 날씨에 땀을 뻘뻘 흘리며 서류를 정리하거나, 회의를 하고 있었다. 라브가 현지 사장에게 간디를 데려갔다. 수염을 멋들어지게 기른 중년의 인도인 사장이 간디의 손을 힘주어 잡았다.

"간디 씨가 오시기를 학수고대하고 있었소. 부디 우리 회사를 도와주시오."

"네, 최선을 다하겠습니다."

직원들과 대충 인사를 끝낸 후에 라브가 간디와 카스투르바, 리사를 회사 근처의 숙소로 안내했다. 가시덤불 담장으로 둘러싸인 널찍한 마당을 가진 단층 주택이었다. 야자수 잎으로 지붕을 엮고 진흙으로 벽을 바른 집은 겉에서 보기엔 너무 초라했다. 리사가 실망스런 얼굴로 입술을 비죽였다.

"에게게~ 고문변호사의 집이 고작 이 정도예요?"

라브가 머리를 긁적였다.

"나탈 주정부가 갑자기 세금을 올리는 바람에 요즘 회사 사정이 안 좋거든요."

"그래도 이건 너무 심해요."

툴툴거리는 리사의 팔을 억지로 잡아끌며 카스투르바가 안으로 들어갔다.

"일단 들어가보자."

집 안으로 들어선 카스투르바와 리사의 표정이 조금 밝아졌다. 밖에서 본 것보다 집 내부는 훨씬 깔끔했다. 시원하게 그늘진 나무 바닥에 인도풍의 소파와 테이블 등이 적절하게 배치되어 있었다. 카스투르바는 특히 영국식 주방에 열광했다.

"와! 이런 주방에서라면 어떤 요리도 만들 수 있겠어!"

"뭐 그런대로 지낼 만은 하겠네."

고개를 까닥이는 리사를 보며 라브가 가슴을 쓸어내렸다.

"숙녀 분들께서 만족하신다니 정말 다행입니다."

간디가 라브에게 물었다.

"라브, 재판은 어떻게 진행되고 있습니까?"

"본국에서 들으셨는지 모르겠지만 우리 회사는 더반의 법원에 재판을 신청한 상태입니다. 우리 측 고문변호사가 도착했으니 내일이라도 당장 재판을 시작할 수 있습니다."

"그럼 일주일 후에 재판이 열리도록 신청해주십시오. 그 사이 내게 필요한 자료를 다 넘겨줘야 합니다."

"알겠습니다, 변호사님."

그 후 며칠 동안 간디는 집안에 틀어박혀 회사에서 넘겨준 재판 자료를 분석하는 데 집중했다. 그동안 카스투르바는 남편을 방해하지 않으려고 조심하며 집안 구석구석을 청소하고, 요리를 만들곤 했다. 그녀는 남편에게 지극히 헌신적이었지만 간디는 여전히 부인을 철저히 무시했다. 카스투르바가 서재를 치워주고, 차를 내오고, 식사를 대접해도 그는 고맙다는 말 한 마디 하지 않았다. 리사가 그런 간디를 향해 눈을 흘기면 카스투르바가 오히려 그러지 말라며 손사래를 치곤 했다.

"난 모한다스님과 함께 있는 것만으로도 행복해. 그러니까 더 이상 아무것도 요구하고 싶지 않아."

"나는 간디가 왜 카스투르바 같은 아내를 사랑하지 않는지 이해를 못 하겠어."

하루는 리사와 카스투르바가 집에서 멀지 않은 시장으로 장을 보러 나갔다. 나탈의 시장에는 그야말로 별의 별 것을 다 팔았는데 형형색색의 물고기는 물론 원숭이 고기까지 있었다. 철망에 갇힌 거대한 악어를 가리키며 리사가 비명을 질렀다.

"으아아! 저거 악어 맞지?"

시장을 구경하던 카스투르바가 사과나무 묘목을 발견하고 그것을 사고 싶다고 했다. 리사는 그녀가 왜 갑자기 묘목을 사겠다고 하는지 몰랐지만 고개를 끄덕였다. 리사와 함께 묘목을 들고 집으로 돌아온 카스투르바는 그것을 햇빛이 잘 드는 마당 한쪽에 심었다. 잘 자라기를 바라며 행복한 표정으로 나무에 물을 주는 카스투르바에게 리사가 물었다.

"그런데 카스투르바, 왜 갑자기 사과나무를 심은 거야?"

"나는 모한다스님과 수년간 부부로 살았지만 무엇 하나 기념할 것을 만들지 못했어. 이 사과나무는 나중에라도 우리가 부부로 함께 살았음을 증명하는 증표가 되어줄 거야."

"카스투르바……!"

리사가 안타까운 눈으로 이마의 땀을 닦는 카스투르바를 바라보았다. 카스투르바는 이런 식으로라도 자신이 간디의 부인임을 확인받고 싶었던 것이다.

일주일 후, 드디어 재판날이 되었고 라브의 안내로 간디와 카스투르바, 리사는 더반으로 향했다. 점심시간이 지나자마자 더반의 법원에서 재판이 시작되었다. 간디는 라만다 채굴회사의 고문변호사로서 나탈 주정부가 인도 회사에만 세금을 무겁게 책정하는 것은 법에 어긋난다고 주장했다.

"존경하는 재판장님! 원고 측에 대한 나탈 주정부의 처사는 공평하지 못했습니다. 부디 나탈 주정부의 잘못된 세금부과를 철회시켜주실 것을······."

간디가 열변을 토하는 중에 근엄한 표정으로 재판장석에 앉아 있던 영국인 판사가 툭 내뱉었다.

"이보시오, 변호사."

"예?"

"그 머리에 쓰고 있는 건 뭐요?"

"터번이라는 겁니다."

"그러니까 일종의 모자로군?"

"그렇게 말할 수도······."

탕! 탕! 탕!

판사가 법봉을 신경질적으로 두드렸다.

"신성한 법정에서 모자를 쓰고 변론한다는 게 말이 되오? 당장 그걸 벗으시오!"

간디가 당황한 기색이 역력한 표정으로 설명했다.

"터번은 그냥 모자가 아닙니다. 힌두교도들의 상징과도 같은 것입니다."

"어쨌든 보기 싫으니 당장 벗으란 말이오!"

"그럴 수는 없습니다."

"호오…… 끝까지 고집을 부리시겠다? 그렇다면 재판장의 권한으로 변호사를 법정에서 추방하겠소!"

방청석에 앉아 있던 리사와 카스투르바도 크게 놀랐다.

"대체 왜 저러지? 터번이 뭐 어쨌다는 거야?"

"영국인 판사가 모한다스님에게 시비를 걸고 있는 거야."

간디가 못 나가겠다고 버티자 머리끝까지 화가 치민 판사가 고래고래 소리를 질렀다.

"경비원! 경비원! 당장 저 미천한 인도인을 끌어내라!"

"판사님, 이건 인종차별입니다! 판사님, 저는 이 법정에 머물 권리가 있습니다!"

하지만 간디는 결국 법정에서 질질 끌려 나가고 말았다. 그날 재판은 그렇게 끝이 났다.

집으로 돌아온 간디는 자신의 방으로 들어가 밤이 될 때까지 나오지 않았다. 저녁 때가 되어 리사가 식사하라고 방문을 두드렸지만 아무 대답도 들려오지 않았다. 리사가 결국 간디의 방문을 조심스럽게 열고 들어갔다. 간디는 널찍한 창을 통해 보이는 밤하늘을 향해 무릎을 꿇은 채 기도 중이었다. 눈을 질끈 감고 있는 간디의 눈썹이 파르르 떨렸다. 간디는 끓어오르는 분노를 기도를 통해 애써 삭이고 있었던 것이다.

리사가 간디 옆에 서서 걱정스럽게 물었다.

"모한다스…… 괜찮은 거야?"

간디가 살짝 갈라지는 소리로 대답했다.

"영국인들은 우리 인도인들을 사람으로 취급하지 않아. 그래도 나는 비슈누신께 그들의 죄를 용서해달라고 기도했어."

"그게 바로 신앙의 힘이란 거겠지."

"하지만!"

간디가 번쩍 눈을 떴다.

"하지만 나를 내쫓은 판사만은 도저히 용서가 되지 않아."

"그래도 법정에 서려면 판사의 말에 따르는 수밖에 없잖아."

리사가 눈치를 살피며 말하자, 간디가 이를 악물었다.

"그래, 그럴 수밖에 없지. 그럴 수밖에 없다는 걸 잘 알아. 영국인들은 인도 식민지에서 차와 커피를 가져가. 향신료와 면포도 거둬가지. 그뿐인가? 우리 인도인들을 노예처럼 부려서 막대한 돈을 벌고 있어. 그런데도 그들은 고마워하기는커녕 우리를 개돼지처럼 취급해. 결국 피를 흘리며 싸워서라도 그들을 인도에서 몰아내는 수밖에 없는 것일까?"

어둠 속에서 서슬 퍼런 분노로 눈을 빛내는 간디를 리사가 걱정스럽게 바라보았다.

다음 날 오전, 간디는 결국 터번을 벗고 법정에 섰다. 목숨처럼 소중히 하는 터번을 벗었지만 간디의 변호는 완벽했다. 그는 자료 하나하나를 꼼꼼하게 찾아내 나탈 주정부를 압박했다. 그러나 아무리 옳은 소리를 하고, 결정적인 증거를 들이대도 판사의 반응은 심드렁하기만 했다. 심지어 판사는 가끔 열변을 토하는 간디를 향해 이렇게 말하곤 했다.

"변호사, 흥분하지 말고 그냥 앉아요. 당신이 그렇게 떠든다고 해서 재판 결과가 바뀌진 않을 거요."

"……."

이죽거리는 판사의 말에 간디는 물론 카스투르바와 리사도 어이가 없어 할 말을 잃었다. 판사는 이미 판결을 정해놓은 것 같았다. 무언가 방법을 찾아야만 했다.

그날 오후에 간디는 보어인들이 세운 채굴회사를 찾아갔다. 카스투르바와 리사도 간디를 따라갔다. 회사 사장과 마주앉은 간디는 단도직입적으로 제안했다.

"사장님이 저희를 좀 도와주셔야겠습니다."

뚱뚱한 보어인 사장이 비웃음을 흘렸다.

"우리가 왜 인도인들을 도와야 하오?"

"머지않아 보어인들도 우리 인도인들과 비슷한 신세가 될 것이기 때문이죠."

"무슨 뚱딴지같은 소리요?"

"이걸 한번 보시겠습니까?"

"으음……."

사장이 눈살을 찌푸린 채 간디가 내민 서류를 들여다보았다. 점점 커지는 사장의 눈을 보며 간디가 의미심장하게 웃었다.

"이…… 이건……?!"

"나탈 주정부에서 어렵게 빼낸 서류입니다. 다음 달부터 보어인들에게도 인도인들과 똑같은 세금을 매길 계획이더군요."

"비열한 영국 놈들 같으니!"

쾅!

사장이 분을 참지 못하고 테이블을 내리쳤지만 그 앞에 앉은 간디는 차분함을 잃지 않았다.

"우리가 공동운명체라는 말을 믿으시겠습니까?"

"우리 보어인들이 뭘 어쩌면 되겠소?"

"남아프리카의 인도인은 숫자가 몇 되지 않기 때문에 영국인들이 마음대로 하는 겁니다. 하지만 보어인은 오히려 영국인들보다 숫자가 많지 않습니까? 이런 보어인들이 불공평한 세금을 철회하라고 시위를 벌인다면 어떻게 될까요?"

"으음……."

며칠 후부터 법원 주변에서 보어인들의 시위가 시작되었다. 성난 보어인들은 주먹을 흔들며 외쳤다.

"인도인들에게 부과된 세금을 철폐하라!"

"부당한 세금을 반대한다!"

"영국인 판사는 썩 물러나라!"

보어인들이 들고 일어나자 예상치 못한 사태에 영국인들은 당황했다. 결국 판사는 나탈 주정부에게 라만다 채굴회사에 부과한 세금을 대폭 깎아주라는 판결을 내렸다. 간디로선 변호사로 의미 있는 첫 성과를 거둔 셈이었다.

하지만 안심하기에는 일렀다. 나탈 주정부뿐만 아니라 남아프리카 전역에 흩어져 있는 라만다 채굴회사의 광산에 대해 각 지역 주정부가 세금을 올리려는 움직임을 보였기 때문이다. 간디는 모든 지역에 파견되어 각 주정부와 협상을 벌이는 한편, 재판을 진행하느라 눈코 뜰 새 없이 움직여야 했다.

아프리카의 무더위와 무서운 토착질병 그리고 독충과 맹수들이 간디를 괴롭혔다. 그중에서도 특히 그를 괴롭힌 것은 남아프리카를 실질적으로 지배하고 있는 영국인들의 인도인에 대한 차별이었다. 법정에서 터번을 강제로 벗은 데 이어 간디는 툭하면 백인들에게 욕설을 들어야 했고, 법정에서 폭행을 당하기까지 했다. 그러는 동안 간디는 점점 인도인이 처한 현실에 눈을 뜨게 되었다.

"아아…… 우리 인도인이 사람답게 살기 위해선 반드시 영국으로부터 독립을 해야겠구나!"

늦여름의 이른 아침, 간디는 남아프리카를 관통하는 열차를 타고 프리토리아로 향했다. 새로운 재판이 그를 기다리고 있었다. 이틀이나 꼬박 열차를 타야 했기 때문에 그는 침대가 딸린 일등칸에 머물렀다. 평소와 다른 점이 있다면 오늘은 리사 대신 카스투르바가 조수 자격으로 동행 중이란 것이다. 지난밤부터 배탈이 나서 끙끙 앓고 있던 리사를 도저히 데려갈 수 없었던 간디는 카스투르바의 동행을 마지못해 승낙했다.

"시키지 않은 일은 절대 하지 말고, 법원에서 내가 원하는 서류들을 찾아 전해주기만 하면 되오."

"알겠어요."

둘만의 여행이란 것에 불만스런 기색이 역력한 간디와는 달리 카스투르바는 남편과의 외출에 들뜬 표정이었다. 그녀가 차창 너머 햇살이 잔잔하게 번지는 사바나를 바라보았다. 사자 무리가 어슬렁거리며 사냥터를 둘러보고, 가젤 떼가 한가롭게 풀을 뜯는 장관은 신비롭고도 아름다웠다.

카스투르바가 창밖에 시선을 고정시킨 채 아쉬운 듯 중얼거렸다.

"리사도 함께 왔더라면 좋았을 텐데."

간디가 피곤한 눈을 비비며 무뚝뚝하게 대꾸했다.

"배탈이 난 아이를 어떻게 데려올 수 있겠소?"

"배탈이 난 건지 아니면 난 척하는 건지 모르죠."

"그게 무슨 말이오?"

"아무것도 아니에요."

간디는 더 이상 묻지 않고 차창 밖, 흙먼지를 일으키며 열차를 따라 달리는 얼룩말 무리를 쳐다보았다.

벌컥!

"너희들, 당장 나와!"

갑자기 일등칸 문이 벌컥 열리며 우락부락하게 생긴 백인 역무원 둘이 나타난 것은 그때였다. 간디가 휘둥그레진 눈으로 역무원들을 쳐다보았다.

"무슨 일이오?"

"무조건 나와!"

"여기 이 표를 보세요. 여긴 우리 자리가 맞아요."

카스투르바가 표를 내보였지만 역무원들은 코웃음을 쳤다.

"표만 끊으면 무조건 일등칸에 앉아서 갈 수 있는 줄 알아?"

"일등칸에는 오직 백인들만 탈 수 있다."

"그게 무슨 해괴한……?"

황당한 듯 역무원들을 쳐다보는 카스투르바 옆에서 간디가 박차고 일어섰다.

"당신들이야말로 썩 나가! 이 자리는 내가 정당하게 돈을 주고 산 내 자리야!"

역무원들이 간디와 카스투르바의 멱살을 움켜잡았다.

"말로 해선 안 되겠군!"

"원숭이들을 끌어내!"

"놔! 이거 놔!"

"내 몸에 손대지 마!"

간디와 카스투르바가 몸부림쳤지만 역무원들의 힘을 당해낼 순 없었다.

"꺄아악!"

두 사람은 결국 돼지들이 실린 화물칸에 내던져지고 말았다.

꿀~ 꿀꿀~

지독한 냄새를 풍기는 화물칸 바닥에 주저앉은 간디와 카스투르바 앞에 버티고 서서 역무원들이 야비하게 웃었다.

"어때? 익숙한 냄새지?"

"이곳이야말로 너희에게 어울리는 장소라고."

쿵!

역무원들이 거칠게 문을 닫고 사라졌다.

"……!"

간디는 큰 충격을 받은 듯 눈을 부릅뜨고 닫힌 문을 뚫어져라 보았다. 카스투르바가 머리가 헝클어지고 양복 앞섶이 뜯겨나간 간디를 걱정스럽게 돌아보았다.

"괜찮아요?"

"나는 이제 확실히 깨달았소."

"예? 뭘요?"

간디가 역무원들이 닫고 나간 둔중한 문을 가리켰다.

"나는 지금까지 내가 노력하면 저 문이 열릴 거라고 생각했소. 그래서 영국식 교육을 받고, 영국 사람처럼 양복을 입었지. 하지만 순진한 착각이었어. 저들은 두꺼운 문을 단단히 걸어 잠그고 우리 인도인들이 아무리 노력해도 자신들 쪽으로 들여보내주지 않아."

"모한다스님……!"

"결심했어!"

간디가 자리를 박차고 일어서며 확고한 목소리로 선언했다.

"나는 이제부터 인도의 독립을 위해서 평생을 바칠 거요. 아무리 어려운 시련이 닥치더라도 포기하지 않고 우리 인도인들을 위해 헌신하며 살겠소."

화물칸의 틈새를 통해 스며든 빛이 간디를 희미하게 비추었다. 그 빛이 간디를 신성하게 보이도록 만들었다. 하지만 카스투르바의 감동은 오래 가지 못했다. 강한 의문이 그녀의 밑바닥에서 스멀스멀 피어올랐다. 그녀가 굳은 얼굴로 입을 열었다.

"진심으로 인도인에 대한 차별을 없애고 싶다면 모한다스님 스스로의 차별부터 반성해야 하지 않을까요?"

"그, 그게 무슨 소리지?"

간디를 향해 마주선 카스투르바가 간신히 용기를 쥐어짰다.

"모한다스님은 지금 인도인으로서 받는 차별에 대해서 이야기하고 있어요. 하지만 지난 수년간 당신 역시 저를 차별해오고 있지 않으셨던가요?"

"……!"

간디는 크게 당황했다. 카스투르바가 이렇게 자신에게 도전할 줄은 몰랐던 것이다. 그가 변명조로 입을 열었다.

"그, 그건……"

"아무리 크고 높은 이상도 실천이 중요하다고 생각해요. 스스로가 떳떳하지 못하면 실천은 불가능한 법이죠."

"……."

간디가 입을 다물고 카스투르바의 얼굴을 뚫어져라 응시했다. 미간은 고통으로 일그러졌고, 눈가에는 깊은 그늘이 드리웠다. 여러 생각들이 그의 뇌리를 스치고 지나갔다. 결혼식 날 처음 보았던 예쁜 카스투르바, 영국으로 혼자 떠날 때 슬프게 눈물짓던 카스투르바, 아프리카에 데려가 달라며 무릎까지 꿇었던 카스투르바…….

간디가 한참만에야 입을 열었다.

"고맙소, 카스투르바."

"예?"

"당신이 아니었다면 나는 결코 나 자신의 어리석음을 깨닫지 못했을 거요."

"아……!"

감탄사를 발하는 카스투르바를 향해 간디가 힘주어 말했다.

"나의 명예를 걸고 약속하리다. 앞으로는 당신을 나의 아내이자 동반자로서 평생 존경하며 살겠소."

"아아……!"

순간 긴장이 풀린 카스투르바가 휘청했다. 간디가 쓰러지려는 아내를 재빨리 부축했다.

"조심하시오!"

"고마워, 모한다스님. 저 역시 평생 당신을 존경하며 살겠습니다."

간디에게 안긴 카스투르바의 눈에 눈물이 그렁했다. 그녀로선 일생일대의 용기를 끌어올린 순간이었던 것이다.

7
진정한 사과

무더운 늦여름 오후, 카스투르바와 리사는 땀을 뻘뻘 흘리며 요리를 만들고 있었다. 리사가 이마의 땀을 닦으며 툴툴거렸다.

"이렇게 더운 날 꼭 화덕에 불을 피워야겠어? 이런 날은 대충 좀 먹고 넘어가자."

카스투르바가 정색을 했다.

"우리끼리라면 몰라도 그래선 안 돼. 모한다스님이 식사를 하러 오실 거잖아."

"쳇! 그놈의 모한다스님, 모한다스님. 카스투르바는 혼자 모한다스를 짝사랑하는 게 억울하지도 않아?"

"내가 왜?"

"모한다스는 카스투르바를 아내로 대접하지도 않잖아?"

간디의 목소리가 들려온 것은 그때였다.

"여보."

"!"

카스투르바보다 리사가 깜짝 놀라 입구를 돌아보았다. 간디가 아내를 "여보!"라는 다정한 호칭으로 부르는 걸 들은 적이 없었기 때문이다. 하지만 부엌 입구에 서 있는 사람은 간디가 분명했다. 간디가 카스투르바를 향해 똑바로 걸어왔다.

쪽!

그가 아내의 이마에 소리 나게 입을 맞추었다.

"내 영혼을 다 바쳐 당신을 사랑하오, 카스투르바."

"헐!"

리사가 입을 쩍 벌린 채 황당한 표정을 지었다.

당초 간디는 남아프리카에 1년 정도만 머물 생각이었다. 그러나 라만다 채굴회사와의 변호사 계약이 끝날 즈음, 나탈 의회가 인도인의 선거권을 박탈하려 한다는 소식을 듣게 되었다. 이미 간디의 변호사로서의 능력을 확인한 나탈의 인도인들은 그에게 찾아와 자신들을 위해 싸워달라고 애원했다. 이대로 간다면 인도인들은 선거권이 사라지는 것은 물론 토지도 소유하지 못하고, 공용도로를 걸을 수도 없으며, 밤 9시 이후에는 아예 외출도 할 수 없게 될 것이었다. 이 끔찍한 차별정책에 분노한 간디는 마침내 남아프리카에 남아 인도인의 권리를 위해 싸우기로 결심했다. 아내 카스투르바도 적극적으로 남편을 응원한 것은 물론이었다.

"비슈누신께서도 당신을 자랑스러워하실 거예요. 저 역시 모한다스님을 위해 할 수 있는 모든 노력을 다하겠어요."

"고맙소, 카스투르바. 그리고 사랑하오."

남아프리카에 남기로 결심을 굳힌 간디는 발 빠르게 움직였다. 나탈 의회의 차별법을 막기 위해 준비할 일이 많았지만 일손이 부족했다. 카스투르바와 리사가 도왔지만 좀 더 전문적인 도움이 필요했다.

그즈음 라만다 채굴회사의 사원인 라브가 간디를 찾아왔다.

"안녕하세요, 간디 씨? 그동안 잘 지내셨죠?"

라만다의 소송이 끝난 후, 오랜만에 만난 라브가 어색하게 미소 지으며 인사하자 간디가 반갑게 맞이했다.

"오, 어서 오게, 라브. 그동안 잘 지냈나?"

"예, 덕분에 잘 지냈습니다."

"그래, 우리 집에는 어쩐 일인가?"

"그게 저어…… 그냥 잘 지내시는지 궁금하기도 하고……."

"……?"

머뭇거리는 라브의 모습에 간디가 고개를 갸웃했다. 무언가 낌새를 눈치 챈 카스투르바가 차를 가지고 오며 싱긋 미소 지었다.

"라브 씨, 일단 차를 마시면서 편하게 얘기하세요."

"고맙습니다, 부인."

간디와 마주앉아 차를 마시던 라브가 용기를 내어 입을 열었다.

"실은 간디 씨께 부탁이 있어서 왔습니다."

"무슨 부탁인가?"

"저를 간디 씨의 개인비서로 써주십시오."

"뭐라고……?"

간디는 물론 카스투르바와 리사의 눈도 휘둥그레졌다.

"자네, 회사에서 쫓겨났는가?"

"아닙니다."

"그럼 대체 왜? 라만다 사에선 월급을 꼬박꼬박 주지만 나와 일하면 그런 건 꿈도 못 꿀 걸세."

라브가 얼굴을 수줍게 붉히면서도 목소리에 힘을 실었다.

"그, 그래도 존경하는 간디 씨와 함께 인도인의 권리를 위해 싸우고 싶습니다!"

"……!"

간디와 카스투르바, 리사가 눈을 동그랗게 뜨고 라브의 얼굴을 쳐다보았다. 한참만에야 간디가 라브를 향해 손을 내밀며 빙그레 웃었다.

"환영하네, 라브."

라브의 합류로 간디의 일은 탄력을 받기 시작했다. 간디는 라브와 카스투르바, 리사의 도움을 받으며 나탈 의회와 영국 정부에 보낼 탄원서를 작성했다. 그리고 수천 명이나 되는 인도인들의 서명도 받았다. 그러나 이러한 노력에도 불구하고, 결과적으로 인도인의 선거권을 박탈하는 입법은 막지 못했다. 하지만 언론을 통해 영국과 인도에서까지 나탈에 살고 있는 인도인의 문제에 대한 관심을 갖도록 만드는 데는 성공했다.

간디의 용기와 노력에 감동한 수많은 인도인들이 몰려들었다. 사무실 겸 사택으로 사용하는 간디의 집은 언제나 손님들로 넘실거렸다. 그 많은 손님들을 대접하는 것은 카스투르바의 몫이었다.

"리사, 저쪽 선반 위에 놓아둔 생선 좀 가져다주겠어?"

"라브 씨, 이 밀크티를 서재로 가져가주시겠어요?"

그녀는 싫은 내색 한 번 하지 않고 간디를 내조했다. 이렇게 모인 인도인들이 '나탈 인도국민회의'를 창설했다. 나탈 인도국민회의를 중심으로 간디는 영국을 대상으로 한 조직적인 저항을 시작했다. 이때 처음으로 비폭력 저항운동인 사티아그라하 정신이 싹텄다. 간디는 수많은 인도인들을 모아놓고 연설했다.

"영국인들은 우리를 폭력으로 억압하지만 우리는 절대 폭력으로 맞서지 않을 것입니다. 인도의 형제들이여, 영국인들이 추진하는 어떤 일에도 협력하지 마십시오. 저들을 위해 아무것도 만들지 마십시오. 그것이 우리가 할 수 있는 최선의 저항입니다. 그러면 영국인들도 언젠가는 우리의 노동과 우리의 기술이 필요하다는 것을 깨닫게 되어 우리를 평등하게 대해줄 것입니다. 이것이 바로 우리의 비폭력 저항운동, 사티아그라하입니다!"

"와아아!"

"간디 만세!"

"인도 만세!"

간디는 비폭력을 강조했지만 영국인들은 그를 폭력적으로 대했다. 1906년 트란스발 정부는 인도인에게 굴욕적인 지문 등록을 강요하는 법안을 제정했다. 간디는 이에 대해 반대투쟁을 벌였고, 영국군은 그를 체포해 감옥에 가두었다. 평생 열한 번에 걸친 감옥살이의 시작이었다. 하지만 지독하게 열악한 트란스발의 감옥도 간디의 투쟁 의지를 꺾지는 못했다. 간디는 협력하면 풀어주겠다는 영국인들의 유혹을 뿌리치고, 밖에 있는 동지들에게 더욱 힘차게 투쟁하라는 메시지를 전달했다.

간디가 감옥에 갇히고 석 달이 지나서야 카스투르바는 남편을 면회할 수 있었다. 비가 추적추적 내리는 쌀쌀한 겨울날 카스투르바는 리사와 함께 감옥의 면회실에 초조한 얼굴로 앉아 있었다. 남편의 얼굴을 보기도 전에 그녀는 눈물부터 글썽였다.

"모한다스님은 괜찮을까? 어디 아픈 것은 아닐까?"

"진정해, 카스투르바."

이때 면회실 문이 열리며 수의를 입은 간디가 교도관에게 이끌려 들어왔다.

"죄수번호 3698번 간디! 면회 시간은 5분이다!"

"모한다스님……!"

자신을 향해 휘적휘적 걸어오는 간디를 발견하고 카스투르바는 물론 리사까지 경악했다. 간디는 뼈와 가죽밖에 남지 않은 앙상한 몰골이었다. 늘 단정하던 얼굴엔 수염이 까칠했고, 피부색은 탁하고 어두웠다. 그를 걸어 다니는 시체로 보이지 않게 하는 유일한 신체 부위는 어떤 억압에도 굴하지 않을 듯 밝게 빛나는 눈뿐이었다. 카스투르바가 참지 못하고 왈칵 눈물을 쏟았다.

"여보, 괜찮아요?"

"난 괜찮으니 걱정 마시오."

간디는 그 상태에서도 아내를 위로하려고 노력했다. 리사가 흥분을 가라앉히지 못한 채 상기된 얼굴로 물었다.

"모한다스, 대체 감옥 안에서 무슨 일을 당한 거야?"

"간수들이 밖에 있는 동지들에게 투쟁을 멈추도록 얘기하라며 나를 들들 볶고 있지."

카스투르바가 절규하듯 외쳤다.

"차라리 시키는 대로 해요! 이러다 당신이 먼저 죽겠어요!"

"그건 안 될 말이오!"

간디의 눈이 번쩍 빛났다.

"카스투르바, 지금부터 내가 하는 말을 잘 듣고, 밖에 있는 동지들에게 전해주시오."

"여보……."

"내가 죽더라도 사람답게 살 수 있는 권리를 찾기 위한 투쟁을 결코 멈춰서는 안 되오. 하나로 단결하여 사티아그라하를 이어나가는 것만이 우리의 유일한 희망임을 잊지 마시오."

"으흐흑~ 여보!"

"모한다스, 죽으면 안 돼!"

카스투르바와 리사가 간디에게 매달려 눈물을 흘렸다. 그러나 이미 죽음을 각오한 간디의 얼굴은 한없이 평화로웠다.

비가 추적추적 내렸지만 나탈 도심의 널찍한 광장은 인도인들로 꽉 들어찼다. 그들의 심각한 시선은 광장 한복판으로 쏠려 있었다. 잠시 후에 리사와 라브의 부축을 받으며 카스투르바가 단 위로 올라왔다. 주위를 가득 메운 인도인들을 둘러보던 카스투르바가 떨리는 목소리로 말하기 시작했다.

"여러분, 저는 이런 자리에서 연설을 할 만한 사람이 못 됩니다. 그럼에도 제가 오늘 여러분 앞에 선 것은 제 남편의 말씀을 전하기 위해서입니다. 여러분도 아시다시피 그분은 현재 트란스발의 감옥에 갇혀 있습니다. 그리고 영국인 간수들의 지독한 학대 속에 생명이 위태로운 지경입니다."

인도인들 사이로 성난 함성이 번져나갔다.

"와아아!"

"트란스발 감옥으로 쳐들어가자!"

"영국인들을 죽이고, 간디를 구출하자!"

카스투르바가 황급히 손을 저어 사람들을 진정시켰다.

"여러분, 폭력은 안 됩니다! 모한다스님은 영국인들에게 폭력으로 맞서서는 결코 승리할 수 없다고 하셨습니다!"

수염이 더부룩한 인도인이 성난 얼굴로 물었다.

"그럼 대체 어떻게 싸우란 겁니까?"

카스투르바의 입가에 부드러운 미소가 떠올랐다.

"우리에겐 사티아그라하가 있지 않습니까?"

"비폭력 저항운동 말입니까?"

"그렇습니다. 모한다스님은 자신이 죽더라도 결코 분노하거나 흔들리지 말고 비폭력 저항운동을 계속하라고 하셨습니다. 여러분, 영국인들에게 절대로 협력하지 마십시오. 농장에서, 항구에서, 광산에서 하던 일을 멈추고 낫과 괭이를 내려놓으십시오! 저들에게 우리의 의지를 보여줍시다! 폭력으로는 결코 우리 인도인들의 의지를 꺾을 수 없다는 것을 영국인들에게 똑똑히 알려주는 겁니다!"

카스투르바의 열정적인 연설이 끝나자마자 광장을 가득 메우고 있는 인도인들 사이로 함성이 들불처럼 번져나갔다.

그날 이후 영국인들의 저택과 농장에서 일하던 인도인들이 일손을 멈추고 파업에 돌입했다. 항구와 철도역, 공장에서 일하던 인도인들도 동참했다. 수천 명의 광산 노동자들이 불법적인 파업을 벌였다는 이유로 영국 군경에 의해 체포되어 감옥으로 끌려갔다. 그러나 인도인들의 비폭력 저항운동은 남아프리카 전역으로 번져나갔다. 사태의 심각성을 깨달은 영국인들은 결국 간디를 석방하기에 이르렀다. 앙상한 몰골로 감옥 밖으로 비틀비틀 걸어 나오는 간디를 맞이한 것은 아내인 카스투르바와 리사, 라브를 비롯하여 함께 싸운 수천 명의 인도인들이었다.

"와아아! 간디 만세!"

"사티아그라하 만만세!"

남아프리카에서 비폭력 저항운동으로 유명해진 간디는 1914년 제1차세계대전이 시작되던 해에 인도로 돌아왔다. 뭄바이항에 내렸을 때, 간디는 부랑자처럼 허름한 차림이었다. 리사가 그런 간디의 모습을 위아래로 훑어보며 투덜거렸다.

"오랜만에 고향으로 돌아오면서 꼭 저런 거지같은 차림을 해야 속이 시원하대?"

카스투르바가 리사 옆에 서서 빙그레 미소 지었다.

"모한다스님은 가장 낮은 자세로 고향으로 돌아오고 싶은 거야. 그래야 영국의 통치 아래서 신음하고 있는 동족들에게 진심으로 다가갈 수 있을 테니까."

"그래도 이제 제법 유명해졌는데 저런 차림은 좀······."

리사의 말이 끝나기도 전에 열 명이 넘는 기자들이 우르르 몰려와 사진을 찍어댔다.

"안녕하십니까, 간디 씨? 인도데일리의 바르하 기자입니다. 오랜만에 고국에 돌아온 소감은 어떠신지요?"

"남아프리카에서 국민회의를 조직해 인도인들을 위해 싸우신 걸로 알고 있습니다. 고국에서도 같은 활동을 하실 계획입니까?"

"간디 씨, 한 말씀만 해주십시오!"

간디는 쏟아지는 질문에 한 마디도 대답하지 않고 기차역을 향해 묵묵히 걸어갔다. 카스투르바와 리사, 라브가 그를 뒤따랐다. 기차역에 도착한 그는 가장 값싼 삼등칸 표를 끊었다.

"모한다스, 왜 삼등칸으로 끊은 거야? 당장 바꿔."

"가난한 동족들의 모습을 보고 싶어서 그래."

리사의 항의에도 간디는 눈도 깜빡하지 않고 좌석조차 없는 기차칸으로 올라갔다. 그런 간디의 모습을 기자들이 카메라에 담았다.

잠시 휴식을 취한 간디는 뭄바이에서 다시 변호사 사무실을 개업했다. 하지만 이번에는 아예 돈을 받지 않고 무료로 가난한 사람들을 변론해주었다. 손님들이 사무실 밖까지 줄을 섰지만 돈은 한 푼도 들어오지 않았다. 라브와 함께 간디를 돕던 리사가 서류를 팽개치며 짜증을 부렸다.

"대체 어쩌려고 그래? 카스투르바가 살림을 꾸려갈 수 있도록 최소한의 생활비는 벌어다줘야 할 거 아냐!"

간디가 씩씩대는 리사를 향해 태연히 대꾸했다.

"리사, 나는 고향으로 돌아오면서 결심했어."

"뭘?"

"내 자신이 아니라 가난한 인도인 전체를 위해서 살겠다고. 그러니까 리사도 나를 이해해줘."

"여보세요! 인도에서 우리가 제일 가난하거든요!"

다음 날 아침, 간디와 카스투르바, 리사가 식탁에 둘러앉았다. 그릇에 담긴 멀건 수프를 숟가락으로 휘휘 저으며 리사가 짜증을 부렸다.

"에게게~ 이게 설마 아침이야?"

카스투르바가 사과했다.

"미안. 내가 늦잠을 자는 바람에 미처 아침을 준비하지 못했어."

"세상에서 둘째가라면 서러울 정도로 부지런한 카스투르바가 늦잠을 잤을 리는 만무하고……."

리사가 간디를 휙 쩨려보았다.

"아침을 준비하지 못한 게 아니라 아침을 준비할 돈이 똑 떨어진 거겠지?"

"후루룩~"

리사의 따가운 눈길을 무시하고 간디는 조용히 수프를 먹었다.

"모한다스, 뭐 할 말 없어?"

"후루룩~"

"모한다스!"

카스투르바는 화가 치밀어 부들부들 떠는 리사를 달랬다.

"조금만 참아, 리사. 내가 텃밭을 가꾸고 닭을 키우고 있으니까 곧 그럴듯한 요리를 만들어줄 수 있을 거야."

"카스투르바의 그 물러터진 태도가 문제라니까."

리사가 계속 투덜거렸지만 간디는 여전히 무시했다. 라브가 헐레벌떡 뛰어 들어온 것은 그때였다.

"간디님, 큰일났습니다."

"오, 자네인가? 아직 식사 전이면 함께 들지."

멀건 수프를 뭐 먹을 게 있다고 권하는지 모르겠다고 생각하며 리사도 의아한 눈으로 숨을 헐떡이는 라브를 쳐다보았다.

"라브, 밖에 무슨 일이라도 생겼어요?"

"총독부에서 간디 씨를 만나고 싶답니다."

"총독부에서……?"

간디와 카스투르바의 얼굴이 단번에 굳어졌다. 인도를 다스리는 영국 총독부에서 간디를 불렀다면 좋은 일보다는 나쁜 일일 확률이 높았다. 카스투르바가 걱정스런 얼굴로 남편의 손등에 손을 얹었다. 간디가 아내를 안심시키려는 듯 손등을 토닥여주며 라브에게 물었다.

"무슨 용무라던가?"

"그건 말하지 않고 최대한 빨리 총독부로 와달라고만 했습니다."

"알겠네. 지금 준비하지."

간디가 일어서자 카스투르바도 함께 일어섰다.

"저도 함께 가겠어요."

"나는 괜찮으니까 당신은 집에 있어요."

간디가 만류했지만 카스투르바는 고집을 꺾지 않았다.

"당신이 위험한 길을 가는데 가만히 지켜볼 수만은 없어요."

"으음……."

망설이던 간디가 빙그레 웃었다.

"정 그렇다면 같이 갑시다."

웅장한 총독부 청사 앞에 간디를 태운 승용차가 정지했다. 영국인 관리가 달려 나와 직접 차문을 열어주었다. 카스투르바, 라브와 함께 차에서 내리며 간디는 고개를 갸웃했다. 그런 간디를 향해 중년의 군인이 악수를 청했다.

"안녕하십니까, 간디 씨? 총독부에서 근무하는 제임스 대령입니다."

"반갑습니다, 제임스 대령. 그런데 무슨 일로 날 보자고 했습니까?"

"그 얘기는 총독님으로부터 직접 들으시죠."

"총독께서 날 만나겠다고 하셨단 말입니까?"

"그렇습니다."

간디와 카스투르바, 라브가 긴장된 눈으로 서로를 보았다. 영국 총독은 인도에서 왕처럼 막강한 권력을 행사하는 인물이었다. 그런 인물이 대체 왜 간디를 만나겠다고 했을까?

"자, 가시죠. 제가 안내하겠습니다."

수많은 의문을 품은 채 세 사람은 제임스 대령을 따라 계단을 밟고 올라갔다.

"……."

웬만한 저택의 응접실보다 넓은 총독의 집무실 소파에 간디와 근엄한 표정의 총독이 마주앉았다. 두 사람은 한동안 입을 굳게 다물고 있었다. 카스투르바와 라브는 약간 떨어진 테이블에 앉아 숨 막힐 듯한 긴장감 속에 두 사람을 지켜보았다. 총독은 날카로운 눈으로 간디의 얼굴을 뚫어져라 보았고, 간디 또한 총독의 시선을 피하지 않았다.

"흠흠……!"

침묵을 깨뜨린 사람은 간디의 옆에 앉은 제임스 대령이었다. 대령이 총독을 향해 조심스럽게 물었다.

"총독각하, 제가 간디 씨에게 상황을 설명 드려도 될까요?"

총독이 고개를 까닥이자 대령이 간디를 돌아보았다.

"간디 씨! 영국, 프랑스, 러시아 등의 연합국과 독일, 오스트리아 등의 동맹국이 전쟁을 벌이고 있다는 사실을 알고 계십니까?"

"물론입니다."

"이번 전쟁은 이전의 그것과는 양상이 완전히 다릅니다. 동원된

병력 수나 투입된 물자는 가히 상상을 불허할 정도죠."

"그래서요?"

"우리 영국과 인도는 운명 공동체가 아닙니까? 그래서 간디 씨를 통해 인도인들이 이번 전쟁에 참전해주길 정중히 요청하는 바입니다."

"으음……."

간디의 깊은 신음소리에 총독이 눈을 치켜떴다.

"우리는 인도인들을 강제로 동원할 수도 있소. 그럼에도 대영제국을 위해 자발적으로 봉사할 영광스런 기회를 부여하려는 것이오."

간디가 총독을 스윽 쳐다보았다.

"우리가 왜 영국을 위해서 싸워야 합니까?"

"뭐라고……?"

"영국과 인도는 운명 공동체가 아닙니다. 인도인들을 착취하고, 때리고, 무시하는 영국인들이 어떻게 인도의 형제가 될 수 있습니까?"

"간디 씨, 나는 인도 총독이오. 내 말 한 마디면 당신을 사형시킬 수도 있다는 뜻이오."

총독의 눈빛이 섬뜩하게 변하자 카스투르바는 당장이라도 간디를 말리고 싶었다. 하지만 남편을 깊이 믿고 있기에 가까스로 참았다.

총독과 시선을 마주한 간디의 입가에 희미한 비웃음이 떠올랐다.

"상대에게 도움을 청하면서 나를 도와주지 않으면 너를 죽이겠다고 말씀하시는군요. 이것이 영국인이 인도인을 대하는 태도입니다. 이렇기 때문에 우리는 영국을 도울 수 없는 겁니다, 총독님."

간디가 제 할 말은 다 했다는 듯이 자리에서 일어섰다. 총독이 주먹으로 테이블을 내리쳤다.

쾅!

"참전에 대한 보상을 하겠소!"

"!"

간디가 멈칫했다. 벌게진 얼굴로 이를 악문 총독을 가만히 보던 간디가 다시 자리에 앉았다.

"뭘 어떻게 보상하겠다는 겁니까?"

"크흐음……."

신음을 흘리던 총독이 나직이 내뱉었다.

"인도인들이 징집에 응해준다면 인도의 자치권을 대폭 늘려주겠소. 각 주마다 인도인의 지방정부가 수립되고, 그들은 군대와 경찰을 제외한 주민 자치에 대한 모든 권한을 행사하게 될 거요."

"진심이십니까?"

"나는 인도의 총독이오. 내가 거짓말을 하겠소?"

간디가 고개를 끄덕였다.

"그렇다면 저도 지지성명을 발표하겠습니다. 대신 총독께서도 인도인의 자치권을 늘려주겠다는 약속을 문서로 만들어주십시오."

"제임스 대령! 지금 당장 간디 씨가 원하는 문서를 만들어드리게."

"알겠습니다, 각하!"

8
타오르는 사티아그라하의 불길

　총독으로부터 자치권을 보장한다는 내용이 담긴 문서를 받자마자 간디는 성명을 발표했다.
　"인도의 젊은이들이여, 그대들의 숭고한 희생은 인도 독립을 위한 위대한 첫 걸음이 될 것입니다. 이제 총을 들고 나가 영국인들과 함께 싸웁시다. 인도는 여러분의 용기와 희생을 결코 잊지 않을 것입니다."
　간디를 존경하는 수많은 젊은이들이 총을 들고 전선으로 달려갔다. 그들은 유럽과 아시아와 아프리카에서 용감하게 싸웠다. 수많은 인도 젊은이들이 다른 나라를 위한 전쟁에서 희생당했다. 하지만 그들은 누구도 원망하지 않았다. 독립을 위한 위대한 첫 걸음이 될 것이라는 간디의 말을 철석같이 믿었기 때문이다.

전쟁 기간 동안 간디는 평소보다 더 많은 시간을 기도에 할애했다. 그렇잖아도 소량이던 식사량이 절반으로 줄였다.

"여보, 조금이라도 더 먹어요."

"모한다스, 가끔 거울은 보는 거야? 모르는 사람이 보면 해골인 줄 알겠어."

카스투르바와 리사가 식탁에서 걱정스런 얼굴로 말하면 간디는 미안한 표정으로 이렇게 답하곤 했다.

"지금 이 순간에도 먼 전쟁터에서 우리의 젊은이들이 피를 흘리며 쓰러져가고 있소. 나는 그들에게 희생을 강요한 죄인이고. 이런 내가 배불리 먹고 편안하게 잔다면 나중에 어떻게 그들의 얼굴을 볼 수 있겠소?"

"……."

성자처럼 미소 짓는 간디를 보며 카스투르바와 리사도 입을 다물 수밖에 없었다.

마침내 숱한 인도 젊은이들의 희생을 강요한 전쟁이 끝이 났다. 독일은 패전했고, 영국은 승전국이 되었다. 그런데 막상 전쟁에서 이기고 나자 영국의 태도는 돌변했다. 영국은 간디와 약속했던 자치권에 대한 약속을 철저히 무시했다. 이 소식을 전해들은 간디는 즉시 총독부로 달려갔다.

"모한다스님! 여보, 기다려요! 무조건 쳐들어가서 뭘 어쩌겠다는 거예요?"

머리끝까지 화가 치민 상태의 간디를 카스투르바가 헐레벌떡 쫓아갔다. 총독부의 현관을 지키고 있던 병사들이 착검한 소총을 교차시켜 간디의 앞을 가로막았다.

"총독에게 간디가 만나러 왔다고 전해주시오."

"사전에 약속이 돼 있지 않으면 불가능하오."

"그래도 만나야겠소."

"안 된다고 하지 않았나?"

억지로 총을 밀치려는 간디를 병사들이 거칠게 쓰러뜨렸다.

"크흑!"

"여보, 괜찮아요?"

카스투르바가 간디를 부축할 때, 안쪽에서 제임스 대령이 나타났다.

"간디 씨, 오랜만입니다."

간디가 대령을 노려보았다.

"총독을 만나게 해주시오."

"으음……."

잠시 망설이던 제임스 대령이 순순히 돌아섰다.

"따라오십시오."

간디는 총독과 다시 만났다. 테이블을 사이에 두고 마주앉은 두 사람은 처음 만났을 때처럼 서로의 얼굴만 뚫어져라 응시했다. 간디

옆에 앉은 카스투르바와 총독 옆에 앉은 제임스 대령은 무거운 분위기에 짓눌린 채였다.

간디가 먼저 착 가라앉은 소리로 입을 열었다.

"총독님은 영국 명문가 출신이라고 들었습니다."

"그렇소."

"그런 훌륭한 집안이라면 당연히 가훈이란 게 있겠지요?"

"물론이오."

"그중에 혹시 정직성에 관한 문구는 없습니까?"

"!"

간디가 품에서 예전에 총독이 써준 문서를 꺼내 흔들었다.

"총독께서 인도의 자치권을 약속한 문서입니다. 문서에 사인한 잉크가 마르기도 전에 약속을 어기시렵니까?"

"크흐흠……!"

총독이 깊은 신음을 흘렸다. 제임스 대령이 대신 변명했다.

"총독께서도 곤혹스런 입장이십니다. 본국 정부에서 이번 자치권 약속을 지킬 수 없다는 공문이 내려왔어요."

흥분한 간디가 주먹으로 테이블을 내리쳤다.

쾅!

"약속이란 어떠한 상황에서도 지켜져야 하기 때문에 약속인 것입니다! 이 약속을 믿고 인도의 숱한 젊은이들이 당신들의 전쟁에서 피를 흘렸고, 나 또한 그들에게 인도를 위해 희생하라고 강요했습니다. 나보고 이제 어떻게 그들의 얼굴을 보란 말입니까?"

씩씩거리는 간디의 얼굴을 총독과 대령, 카스투르바가 눈을 동그랗게 뜨고 바라보았다. 장담컨대, 카스투르바는 이렇게까지 흥분한 남편을 본 적이 없었다. 간디의 얼굴을 뚫어져라 응시하던 총독이 낮게 깔리는 소리로 말했다.

"간디, 미안하게 됐소. 어쨌든 그 문서는 무효요."

"하하! 그렇습니까?"

찌이익!

간디가 총독의 눈앞에서 문서를 찢어발겼다. 그는 마치 영국의 부도덕함을 꾸짖기라도 하듯 종이를 허공에 흩뿌렸다.

간디가 자리를 박차고 일어서며 선언했다.

"지금 이 순간부터 인도 전역에서 사티아그라하 운동이 들불처럼 번질 것입니다. 우리는 어떠한 경우에도 영국에 협력하지 않을 것이고, 비폭력 저항운동의 가치를 내걸고 반드시 원하는 바를 얻어낼 것입니다."

할 말을 마친 간디가 빙글 몸을 돌려세웠다.

"돌아가겠소!"

"여보, 같이 가요."

문고리를 잡은 간디의 등 뒤에서 총독이 경고했다.

"나의 인내심을 시험하지 마시오. 그래도 한때 도움을 받았던 당신을 해치고 싶지는 않소."

간디가 피식 웃으며 총독을 돌아보았다
"모르시겠습니까? 당신은 이미 나를 해쳤다는 사실을."
"……!"
방문을 열어젖히고 나가는 간디의 표정이 비장했다.

그날 이후, 인도 전역에서 비폭력 저항운동이 시작되었다. 간디는 인도 곳곳을 돌며 영국과 관련된 모든 일에 협력하지 말 것을 호소했다. 인도 국민회의도 이런 간디의 투쟁에 동참하고 나섰다. 인도 국민회의는 간디가 남아프리카에서 조직한 '나탈 인도 국민회의'와는 달리 영국인들이 인도 통치를 원활하게 하기 위해서 인도의 지도자들을 중심으로 조직한 정치단체였다. 인도 국민회의는 처음에는 간디의 비폭력 저항운동에 거부감을 나타냈지만 시간이 흐를수록 전 국민적인 호응이 높아지자 합류를 결정한 것이었다.

전국적인 정치조직 인도 국민회의의 합류로 비폭력 저항운동은 더욱 기세를 떨쳤다. 철도가 멈췄고, 항구가 마비됐으며, 거리엔 쓰레기가 넘쳐났다. 총독은 군대를 동원하여 파업에 참여한 인도인들을 폭행하고 잡아들였다. 인도인들은 저항하지 않았다. 하지만 폭력에 굴복해 협력하지도 않았다.

인도 전역에서 기간산업이 멈추자 영국인들은 당황했다. 총독이 제임스 대령을 보내 간디에게 수차례 경고했다.

"이대로 저항운동을 계속하면 간디 씨를 체포할 수밖에 없다고 총독께서 전하시랍니다."

"나는 언제든 죽을 준비가 되어 있소. 내가 죽어 저항의 불길이 더욱 세차게 타오른다면 이 또한 뜻 깊은 일일 것이오."

간디는 눈도 깜빡하지 않았고, 비폭력 저항운동은 점점 거세졌다. 그러던 1919년 4월 13일 비극적인 사건이 발생했다.

4월 13일, 뭄바이의 암리츠알 공원에 수만의 시위대가 모여 영국에 자치권을 요구하는 시위를 벌였다. 인도 국민회의의 젊은 지도자 네루도 연사로 나서서 영국을 성토하고, 간디가 주도하는 비폭력 저항운동을 지지하는 연설을 했다. 네루의 연설이 끝나자 시위대는 주먹을 흔들며 구호를 외쳤다.

"영국은 자치 약속을 이행하라!"

"인도 젊은이들의 피의 대가를 지불하라!"

"비폭력 저항운동은 영원할 것이다!"

이때 기관총으로 무장한 영국군 수천이 공원을 포위했다. 연단에 서 있던 네루가 웅성거리는 시위대를 안심시켰다.

"여러분, 진정하십시오! 영국군은 우리를 겁주려는 것뿐입니다!"

네루와 인도 국민회의의 지도자들은 영국군이 설마 무장도 하지 않은 시위대를 공격하리라곤 생각하지 않았다. 하지만 그것은 순진한 착각이었다.

투타타타탕-!

"으아악!"

"꺄아악!"

"도, 도망쳐!"

영국군은 평화로운 시위대를 향해 무자비하게 기관총을 난사했다. 수많은 사람들이 피를 흘리며 쓰러졌다. 영국군은 잔인하게도 도망치는 인도인들의 등을 향해 계속 총격을 가했다. 연단에 있던 네루가 질린 듯이 중얼거렸다.

"이, 이럴 수가……! 악마가 따로 없구나!"

끔찍한 광경에 치를 떠는 네루를 사람들이 억지로 끌고 탈출했다. 이 끔찍한 만행으로 인도인 천오백 명이 희생당했다. 하지만 간디의 주장대로 폭력으론 결코 원하는 결과를 얻을 수 없었다. 이 비겁한 학살 소식이 전해지자 전 인도인이 분노했고, 그중에는 그나마 영국에 호의적이던 인도의 부유층이나 지식인들도 포함되어 있었다. 인도 각 지역에서 세력을 가지고 있고, 영국에 협력적이었던 이들이 완전히 돌아섰다는 것은 결코 적지 않은 의미가 있었다.

"오…… 신이시여!"

암리츠알 공원의 학살 소식을 자택에서 전해들은 간디는 절망적으로 탄식했다. 카스투르바와 리사도 경악했다. 간디의 눈에서 뜨거운 눈물이 뚝뚝 흘렀다.

"생각해보면 이게 다 나의 잘못이야. 그들에게 영국인들에게 저항하도록 부추긴 게 바로 내가 아닌가? 그런데 나는 이렇게 멀쩡하게 살아 있다니, 참으로 부끄러운 일이다."

카스투르바가 간디의 손을 힘주어 잡았다.

"자책하지 말아요, 여보. 당신은 그 사람들에게 자유를 찾아주기 위해 그런 거잖아요."

"아니오. 영국인들의 총구 맨 앞에 내가 서 있었어야 했소. 그게 양심에 걸맞은 행동이었소."

"으흐흑~ 여보, 제발 진정하세요!"

이때 라브가 간디를 찾았다.

"간디 씨, 손님이 와 계십니다."

간디를 대신해 리사가 손을 휘휘 저었다.

"지금은 손님을 만날 수 있는 상황이 아니에요. 나중에 다시 들르라고 전해주세요."

"하지만 그 손님이 네루 씨라서……."

"네루? 네루라고요?"

카스투르바가 눈을 동그랗게 뜨고 라브를 돌아보았다.

"지금 네루라고 했어요? 인도 국민회의의 지도자 네루?"

"맞습니다."

"손님을 거실로 모시세요."

간디의 허락도 받지 않고 카스투르바가 명령했다.

타오르는 사티아그라하의 불길 143

거실로 들어서는 젊고 남자를 간디가 반갑게 맞이했다.

"어서 오시오, 네루 씨. 당신의 활약은 오래 전부터 전해 듣고 있었소."

"으흐흑~ 선생님!"

네루가 다짜고짜 간디를 와락 끌어안았다. 간디는 물론 옆에 서 있던 카스투르바와 리사도 깜짝 놀랐다. 잠시 당황하던 간디가 모든 걸 이해한다는 듯 네루의 등을 부드럽게 두드려주었다.

"네루 씨의 마음을 알 것 같군요. 학살 현장에 있었다지요? 얼마나 가슴이 아프십니까?"

네루가 간디로부터 떨어지며 울먹였다.

"저와 인도 국민회의의 동지들은 영국에게 협력하는 것이 저들의 마음을 돌려 인도를 독립시키는 지름길이라고 믿었습니다."

"알고 있어요."

"선생님의 비폭력 저항운동에 동참한 것도 그것을 지지해서라기보다 국민들이 선생님을 따른다고 믿었기 때문입니다. 하지만 이제는 아닙니다."

네루가 간디의 손을 양손으로 힘주어 잡았다.

"저와 동지들은 이제 간디 선생님을 인도 국민회의의 지도자로 모시고, 목숨을 바쳐 저항운동을 펼쳐나갈 것입니다. 부디 저희를 이끌어주십시오, 선생님."

간디의 손등에 입을 맞추는 네루를 보며 카스투르바와 리사는 뿌

듯한 표정을 지었다. 인도 국민회의의 지도자가 된다면 간디의 영향력이 몇 배 확대되고, 그만큼 인도 독립도 앞당겨질 것이라 믿었기 때문이다.

간디와 네루가 굳게 손을 맞잡았다.
"오늘의 희생을 잊지 말고 함께 싸워 나갑시다!"
"평생 선생님을 따르겠습니다!"

학살사건을 계기로 간디는 자치권을 얻기 위한 저항을 본격적인 독립운동으로 전환시켰다. 물론 어디까지나 비폭력을 통해서였다. 간디가 주요 지도자가 된 인도 국민회의는 폭력시위나 테러 활동 대신 비폭력 불복종이라는 투쟁방식에 익숙해졌다. 전 세계가 간디의 이름을 알게 되었고, 영국 정부에 맞서 비폭력과 불복종 시민운동을 통해 인도의 독립을 쟁취한다는 간디의 사상이 인도 독립운동의 주류를 이루게 되었다. 간디는 네루 등과 함께 인도 전역을 돌아다니며 연설했다.

"비폭력은 가장 위대한 사랑이자 최선의 원칙입니다! 비폭력만이 인도인을 구하는 유일한 길임을 믿으십시오! 비폭력을 믿는 사람은 살아 있는 신을 믿는 것과도 같습니다!"

저항운동이 수그러들지 않고 점점 고조되자 영국은 6만 명이 넘는 인도인들을 투옥시켰다. 간디 역시 그것을 피할 수 없었다. 영국인들은 간디의 목숨을 위협하며 불복종 운동을 멈출 것을 강요했지만 간디는 단식으로 맞섰다. 간디가 한 달 가까이나 단식하자 총독은 결국 간디를 풀어줄 수밖에 없었다. 이미 전 인도인이 존경해마지 않는 지도자로 부상한 간디가 감옥에서 사망할 경우 그 후폭풍을 감당할 자신이 없었기 때문이다. 제2차세계대전이 발발할 때까지 이런 식의 투쟁과 투옥이 지루하게 반복되었다.

1942년 일본과의 전쟁이 격화되자 영국은 다시 간디에게 손을 내밀었다. 이번에도 새 총독이 간디를 청사로 불러들였다.

"간디 씨, 한 번만 더 우리 영국을 도와주시오."

"당신들 영국인들은 기억력이 나쁜 겁니까, 아니면 양심이 없는 겁니까?"

"이번에 우리를 도와 일본군을 물리쳐준다면 반드시 인도가 독립할 수 있도록 해주겠소."

"그렇다면 지금 당장 인도에서 영국군을 철수시키십시오. 그러면 우리 스스로 인도를 지키기 위해 일본군과 싸울 것입니다."

"간디 씨, 그게 말이 된다고 생각하시오?"

"나는 더 이상 할 말이 없습니다. 당신들이 물러가지 않으면 우리도 싸우지 않을 겁니다."

영국은 전쟁에 협력하지 않은 인도인들을 더욱 가혹하게 핍박했다. 간디는 이에 반발해 전국적으로 비폭력 저항운동을 일으켰다.

살벌한 전시인지라 영국인들은 즉각 간디를 투옥했다. 제2차세계대전이 막바지로 치닫던 1944년이 되어서야 간디는 간신히 풀려날 수 있었다.

"카스투르바! 리사! 내가 왔어? 어디에 있는 거야?"

2년 만에 초췌한 얼굴로 집으로 돌아온 간디는 아내부터 찾았다. 그런데 집안은 쥐죽은 듯 고요할 뿐 아무도 나타나지 않았다.

"다들 어디로 가버린 거지?"

고개를 갸웃거리는 간디의 어깨 너머에서 리사의 목소리가 들려왔다.

"모한다스, 돌아왔구나!"

빙글 돌아서는 간디 앞에 리사가 눈물을 글썽이며 서 있었다. 반가운 얼굴을 발견한 간디가 빙그레 미소 지었다.

"리사, 너는 여전히 처음 만났을 때의 얼굴 그대로구나? 왜 너에게만 세월이 비껴가는 건지 정말 모르겠다."

"지금 그게 중요한 게 아니야!"

리사가 눈물을 터뜨리며 소리를 지르자 간디가 움찔했다.

"왜 그래, 리사? 집안에 무슨 일이라도 생긴 거야?"

"카스투르바가…… 카스투르바가…….."

"카스투르바가 왜?!"

간디의 얼굴에서도 웃음기가 싹 가셨다.

"오…… 카스투르바!"

얼굴에 붉은 반점이 번진 채 침대에 누워 부들부들 떨고 있는 아내를 발견하고 간디는 놀란 얼굴로 다가갔다. 열이 끓어올라 입술이 하얗게 타들어가고, 온몸이 땀으로 흠뻑 젖은 카스투르바를 향해 손을 뻗으려는 간디를 리사가 재빨리 제지했다.

"안 돼!"

"!"

"카스투르바는 뎅기열에 걸렸어."

"뎅기열이라고……?"

간디의 얼굴이 일그러졌다. 뎅기열은 모기에 의해 감염되는 인도의 대표적인 토착 전염병이었다. 뎅기열에 걸린 환자는 40도를 웃도는 고열에 시달리다가 발진, 구토, 각혈 등의 증상을 보인다. 전염성이 강할 뿐만 아니라 환자의 절반 가량이 사망에 이르는 무시무시한 병이었다.

"어쩌다가……?"

침통한 표정을 짓는 간디의 팔을 리사가 잡아끌었다.

"모한다스, 일단 밖으로 나가자. 의사선생님이 다른 사람한테 전염될 수 있으니 카스투르바를 격리시켜야 한다고 말했어."

방 밖으로 끌려 나가던 간디가 리사의 손을 뿌리쳤다.

"아니, 내가 직접 아내를 간호하겠어."

"무, 무슨 소리야? 까닥하면 당신에게도 전염될 수 있다고!"

타오르는 사티아그라하의 불길 149

"나는 카스투르바에게 좋은 남편이었던 적이 없어. 결혼 초엔 내 생각에만 사로잡혀 그녀를 외면했고, 유학을 핑계 삼아 그녀를 외롭게 했으며 그 후에는 독립운동을 한답시고 대부분의 시간을 감옥에서 보냈지. 이제라도 그녀 곁에서 남편으로서의 의무를 다하고 싶어."

"모한다스……!"

눈물을 글썽이는 간디의 얼굴을 보며 리사도 더 이상 말리지 못했다.

그날부터 간디는 정성을 다해 카스투르바를 간호했다. 리사도 마스크를 쓰고, 위생장갑을 착용한 채 간디를 도왔다. 지극한 간호에도 불구하고 카스투르바의 상태는 점점 나빠졌다. 얼굴에서 붉은 반점이 사라지는가 싶더니 온몸으로 발진이 번졌다. 열은 더욱 올라서 하얗던 입술이 파랗게 죽었다. 간디는 눈물을 흘리며 펄펄 끓어오르는 아내의 몸을 따뜻한 물수건으로 정성스럽게 닦아주었다.

"카스투르바, 제발 기운을 내도록 해. 당신은 강한 사람이잖아. 어서 일어나야 그동안 내가 당신한테 잘못했던 모든 일들을 보상받을 수 있을 거 아니야."

리사는 카스투르바보다 간디가 걱정되었다.

"모한다스, 내가 돌볼 테니까 잠시 쉬어. 지난 사흘간 한숨도 자지 못했잖아."

"아니야. 내가 돌볼 테니까 리사야말로 쉬도록 해."

"후우우……!"

카스투르바의 이마에 수건을 올려주는 간디를 보며 리사가 한숨을 푹 쉬었다.

그날 저녁, 리사는 피곤을 이기지 못하고 깜빡 잠이 들고 말았다. 새벽이 뿌옇게 밝아올 무렵, 리사는 퍼뜩 눈을 떴다.
"이, 이런! 내가 언제 잠이 들었지?"
리사가 서둘러 카스투르바의 방으로 달려갔다. 방문을 열고 들어가던 리사가 멈칫했다.
"쉬잇……!"
침대에서 몸을 일으키고 앉아 손가락을 입술에 대는 카스투르바의 모습을 발견했기 때문이다. 그녀의 무릎을 베고 지쳐 잠든 간디의 모습도 보였다. 카스투르바는 행복한 미소를 머금은 채 남편의 머리를 부드럽게 쓰다듬었다.
"리사, 살면서 내게 이렇게 행복한 시간은 없었어. 제발 이 소중한 순간을 방해하지 말아줘."
멍하니 카스투르바를 바라보던 리사가 푸근하게 미소 지었다.
"몸은 다 나은 거야?"
"응! 너와 모한다스님의 진심 어린 간호 덕분에."
"정말 다행이야."
리사가 조용히 방문을 닫고 나왔다.
열대의 꽃향기가 진하게 풍기는 새벽의 정원으로 내려서며 리사는

크게 심호흡을 했다. 문득 선재가 보고 싶어졌다. 간디와 카스투르바처럼 서로를 공평하게 존중하고 사이좋게 지낼 수 있었다면 얼마나 좋았을까? 간디와 카스투르바가 행복한 시간을 보내는 방을 돌아보며 그녀가 나직이 중얼거렸다.
"두 사람이 언제까지나 행복하길 바랄게……!"

9
당신을 사랑할 수 있어서 행복했습니다

　카스투르바가 회복되자마자 간디는 다시 비폭력 저항운동을 시작했다. 그 무렵부터 간디는 물레를 직접 돌려 스스로 옷을 지어 입었다. 이것이 유행이 되어 인도 곳곳에서 사람들이 물레를 돌리기 시작했다. 하루는 인도 국민회의에 속한 한 남자가 한손으론 물레를 돌리고, 나머지 한손으론 책을 펼쳐 읽는 간디를 향해 불만을 털어놓았다.

　"선생님, 대개혁을 앞둔 위급한 시국에 어째서 물레나 돌리는 작은 일에 연연하시는 겁니까?"

　간디가 스윽 고개를 들고 남자의 얼굴을 쳐다보며 태연히 물었다.

　"그럼 당신은 대개혁이 일어날 때까지 앞마당 청소나 저녁 식사 준비는 하지 않고 사실 생각이신가요?"

"네?"

"당신이 말하는 대개혁은 중요한 일일지도 모릅니다. 하지만 자기 주변조차 변화시키지 못하는 사람이 과연 정치나 경제 대개혁을 이룰 수 있을까요?"

잠시 멍하니 굳어 있던 남자가 결국 간디를 향해 머리를 숙였다.

"죄송합니다. 제 생각이 짧았습니다."

물레를 돌리는 것은 작은 일로 보일 수도 있다. 하지만 간디는 자신처럼 스스로 옷을 지어 입는 사람들이 하나둘씩 늘어나 마침내 모든 인도인들이 한 마음으로 영국인들이 지은 옷을 입기를 거부한다면 그것만으로 영국에게 큰 타격을 줄 수 있을 뿐 아니라, 인도인들의 마음을 하나로 묶는 기회가 될 것으로 여겼던 것이다. 물레를 돌리는 작은 행위가 점점 커져서 마침내 인도를 독립시키는 원동력이 되리라 믿었던 것이다.

남자가 떠나기 전에 간디는 이런 말을 남겼다.

"당신의 믿음은 생각이 됩니다.
생각은 말이 됩니다.
말은 행동이 되고, 습관이 됩니다.
습관은 가치가 됩니다.
그리고 가치는 운명이 됩니다."

일본과의 전쟁이 막바지로 향하면서 더욱 치열해졌고, 조급해진 영국은 끝끝내 협력을 거부하는 간디를 다시 잡아들였다.

간디는 인도에서도 가장 악명 높은 교도소로 끌려갔다. 눈을 가린 채 교도소로 들어간 간디는 독방에 갇혔다. 몸을 뒤척이기도 힘들 정도로 작은 방에 그를 가둔 간수들은 사흘 동안 문을 열어 보지도 않았다. 간디는 숨이 막힐 듯한 답답함과 배고픔을 힘겹게 견뎌야 했다. 무엇보다 참기 힘든 것은 목마름이었다.

사흘째가 되자 간디는 정신이 흐릿해지며 살인적인 갈증을 느꼈다. 보통 사람 같았으면 문을 두드리며 무엇이든 할 테니 제발 물 한 모금만 달라고 애원했을 것이다. 이것이 또한 간수들이 노리는 바였다. 이미 상부로부터 지시를 받은 그들은 어떻게든 간디의 기를 꺾어 영국에 협조하도록 만드는 게 목적이었다.

하지만 간디는 보통 사람이 아니었다. 그는 이미 오랜 세월의 금욕 생활을 통해 몸과 마음을 단련해온 성자와도 같은 인물이었다. 그는 눈앞의 녹슨 철문을 바라보며 희미하게 미소를 지었다.

"카스투르바…… 내게 힘을 주시오……!"

"뭐야? 그놈이 아직도 시퍼렇게 기가 살아 있다고?"

피가 뚝뚝 흐르는 스테이크를 칼질하던 교도소 소장이 책상 앞에 서 있는 간수장을 향해 눈을 부라렸다. 간수장이 겁에 질린 표정으로 산도적처럼 우락부락하게 생긴 소장의 눈치를 살폈다.

"죄, 죄송합니다. 고집이 어찌나 쇠심줄 같은지 아무리 괴롭혀도 꿈쩍도 하지 않습니다."

"이런 병신들을 봤나?"

와창!

"히익!"

격분한 소장이 던진 스테이크 접시가 간수장의 얼굴을 아슬아슬하게 스쳤다. 접시가 박살나는 소리와 함께 소장이 박차고 일어나 손가락으로 간수장의 얼굴을 겨누었다.

"너희들이 그렇게 물렁하니까 인도 놈들이 건방지게 고개를 빳빳이 쳐드는 거 아니야?"

"죄, 죄송합니다."

"앞장서! 내가 직접 그놈을 굴복시켜주겠다!"

며칠 동안 아무것도 먹지 못한 채 독방에 갇혀 있느라 앙상해진 간디가 간수들에 의해 질질 끌려왔다. 어둑한 지하실 바닥에 간수들이 간디를 거칠게 던져놓았다.

철퍼덕!

"으윽!"

간신히 고개를 쳐드는 간디의 눈에 다리를 꼬고 앉은 소장과 그 옆에 선 간수장이 보였다. 소장이 허리를 구부려 간디의 얼굴을 들여다보며 씨익 웃었다.

"이런……! 그 유명한 간디 선생의 몰골이 형편없군. 몸에서 지독한 악취까지 풍기는 게 돼지가 따로 없구려."

"……."

"반갑소, 선생. 나는 교도소장인 스캇이라고 하오."

소장이 손을 내밀어 악수를 청했지만 간디는 응하지 않았다. 소장이 손을 거두며 피식 웃었다.

"나는 원래 영국군 특수부대 출신이오. 1차대전 때 독일 놈들을 숱하게 죽이고, 여왕폐하로부터 제국공로훈장까지 받았지. 사람을 죽일 때 어떤 소리가 나는지 혹시 아시오?"

"모르오."

"꽥!"

"!"

"마지막 순간에는 사람도 돼지와 비슷한 소리를 낸다 이거요. 돼지처럼 짧은 비명을 지르며 눈을 하얗게 까뒤집는단 말이지. 그래서 나는 사람과 돼지가 별반 다르지 않다고 생각하오."

기분 나쁘게 번들거리는 소장의 눈을 물끄러미 바라보던 간디가 착 가라앉은 소리로 말했다.

"당신은 불쌍한 사람이군요."

"내가 불쌍하다고?"

"모든 생명은 귀중한 것이오. 그것이 사람이든 돼지든 말입니다. 그런데 당신은 돼지와 사람은 물론 어떤 생명체도 귀중하게 생각하지 않으니 얼마나 뒤틀린 사람이오? 당신은 아마도 어떤 사람도 진심으로 사랑해본 일이 없을 거요. 심지어 자기 자신조차 말입니다. 그래서 당신이 불쌍하다는 겁니다. 앞으로 당신을 위해서도 신께 기도드리겠소.”

“하…… 하하……!”

소장이 기가 막힌 듯 웃었다. 그가 웃자 간수장도 따라 웃었다. 소장이 웃음을 뚝 그치며 째려보자 간수장이 움찔하며 입을 막았다.

“그러니까 간디 씨, 당신이 지금 나를 동정한다는 말이군. 좋소. 우리 둘 중 누가 더 불쌍한 인간인지 지금부터 확인해 보십시다. 간수장!”

“옙!”

“주방에 가서 피가 뚝뚝 흐르는 스테이크를 가져와라!”

“알겠습니다!”

잠시 후, 간디 앞에 스테이크 접시가 놓였다. 소장의 말대로 핏물이 흥건히 배어나오는 두툼한 소고기 스테이크였다. 소장이 발끝으로 접시를 간디 쪽으로 툭 밀었다.

“시장하실 텐데 어서 드시오.”

“나는 힌두교 신자요. 우리 힌두교도들은 소고기를 먹지 않소.”

“그래서 먹으라는 거요.”

“그게 무슨……?”

160

"당신에게 과연 어떤 일을 시키면 가장 고통스러울지 생각해봤지. 그래서 내린 결론이 바로 소를 신성시하는 당신에게 스테이크를 먹이는 거요."

"이런 잔인한……!"

간디의 눈가에 분노의 빛이 떠올랐다. 소장이 그런 간디를 가리키며 단호하게 명령했다.

"어서 먹으시오! 명령이오!"

"싫다! 절대로 먹지 않겠다!"

"뭣들 하나! 당장 먹여!"

소장이 명령하자 간수들이 달려들어 간디의 팔을 양쪽에서 잡고 스테이크 접시를 향해 억지로 머리를 눌렀다.

"놔라! 이거 놔!"

간디가 거칠게 몸부림쳤지만 며칠씩이나 굶은 그가 서넛이나 되는 간수들의 힘을 당할 수는 없었다. 간디는 결국 강제로 스테이크 접시에 얼굴을 처박게 되었다. 평소에도 철저히 채식만 해왔던 금욕주의자 간디였다. 그런 간디에게 소고기는 도저히 먹을 수 없는 역겨운 고깃덩이일 뿐이었다.

"웩! 우웩!"

간디는 결국 구역질을 해댔다. 소장이 다시 명령했다.

"일으켜 세워서 억지로 입에 넣어라!"

"알겠습니다!"

"싫어! 싫단 말이다! 끅…… 끄극……!"

간수들은 결국 간디를 의자에 묶어놓고 억지로 소고기를 먹였다. 간디는 반은 토하고, 반은 목구멍 안으로 넘길 수밖에 없었다. 수십 차례 투옥되며 온갖 고초를 겪은 간디였지만 이렇게 지독한 고문은 처음이었다.

"으흐흐흑!"

강제로 고기를 먹고 나서 간디가 서럽게 눈물을 흘렸다. 소장이 그런 간디 앞에 버티고 서서 야비하게 웃었다.

"간디 씨, 당신은 어차피 지게 돼 있어. 이쯤에서 포기하고 대영제국에 협력하는 게 어떻겠소? 그럼 이 감옥을 특급 호텔처럼 만들어 주겠소."

"닥쳐!"

"!"

"폭력으론 절대 상대를 굴복시키지 못한다! 너희가 잔인해질수록 우리의 비폭력 저항운동 또한 강해질 것이다!"

"호오, 아직도 정신을 못 차렸군. 좋소. 얼마나 견디는지 한번 봅시다."

그때부터 한동안 간디에겐 지옥 같은 나날이 계속되었다. 소장은 스스로 장담했던 대로 악랄한 인간이었다. 그는 사흘 밤낮이나 간디를 한숨도 재우지 않았다. 그 후 닷새 동안 간디가 돼지우리에서 생활하도록 했다. 그래도 굴복하지 않자 소장은 간디를 발가벗겨 운동장 한복판에 하루 종일 세워두고 망신을 주었다. 소장의 만행에 시달리던 간디는 결국 최후의 전쟁을 선포했다.

"영국인들이 비폭력 저항운동으로 수감된 인도인들을 모두 석방시킬 때까지 나는 무제한 단식에 돌입할 것이오!"

그때부터 간디는 한 달 가까이 극단적인 단식을 이어갔다. 그렇잖아도 건강상태가 좋지 못했던 간디의 몸은 극도로 쇠약해졌다. 처음에는 콧방귀를 뀌었던 소장도 간디가 죽음 직전까지 이르자 당황했다. 이미 세계적으로 유명한 독립운동가가 된 간디가 감옥에서 사망할 경우, 그 후폭풍은 불을 보듯 뻔했다. 소장이 간수장을 향해 물건을 집어던지며 노발대발 소리쳤다.

"억지로라도 처먹여! 간디의 입을 벌리고 뭐든 강제로 먹이란 말이다!"

간디가 영국을 상대로 마지막 사투를 벌일 때 카스투르바가 면회를 왔다. 원래 소장은 간디의 면허를 전면 금지했었다. 하지만 간디의 상태가 위험해지자 그를 달래기 위해서라도 면회를 허락할 수밖에 없었다.

"모한다스님이 한 달 넘게 단식을 하고 있다고 들었어."

"진정해, 카스투르바. 그가 얼마나 강한 사람인지 네가 더 잘 알고 있잖아."

잠시 후, 면회실 문이 열리며 간디가 두 간수의 부축을 받으며 들어왔다. 간수들에 의해 다리를 질질 끌며 들어오는 간디의 모습은 이미 시체나 다름없었다.

"오…… 신이시여!"

"맙소사!"

자리에서 벌떡 일어서며 카스투르바와 리사는 탄식했다. 카스투르바가 달려가 간디를 와락 끌어안았다.

"여보! 대체 어떻게 된 거예요? 이 안에서 무슨 일을 당한 거냐고요!"

간디가 간신히 입을 달싹여 아내를 달랬다.

"지, 진정하시오. 나, 나는 괜찮소."

"괜찮다니요? 당신의 몰골을 보고 그런 소리를 하세요!"

리사도 흥분하여 간수들을 가리키며 소리를 질렀다.

"당신들! 이런 짓을 하고도 무사할 것 같아?"

간디가 힘없이 손을 저어 리사를 말렸다.

"리사, 그만하고 이리 와서 앉아."

"간디……."

카스투르바가 간디의 어깨를 끌어안으며 함께 앉았다. 아내의 품에 안겨 간디가 숨을 헐떡였다.

"카스투르바, 지금부터 내가 하는 말을 잘 들어줘요."

"말씀하세요."

"어쩌면 이것이 당신과의 마지막 만남이 될지도 모르겠소."

"오! 안 돼요, 여보!"

카스투르바가 공포에 질려 울음을 터뜨렸다. 리사도 설움이 솟구

처 눈물을 흘렸다. 간디가 애정 가득한 눈으로 아내의 얼굴을 보았다.

"만약 내가 이대로 세상을 떠난다 해도 이것만은 알아주시오. 당신을 아내로 맞이한 것이야말로 내 인생의 가장 큰 행운이었소. 사랑하오, 카스투르바. 살아서나 죽어서나 내게는 오직 당신뿐이오."

"저도 사랑해요, 여보. 그리고 존경합니다."

간디와 카스투르바가 눈물을 흘리며 키스하는 모습을 리사가 감동과 안타까움 속에 지켜보았다. 순간 간디의 몸이 힘없이 축 늘어졌다. 카스투르바가 기절한 간디를 끌어안으며 비명을 질렀다.

"여보! 여보! 정신 차려요!"

간수들이 달려들어 간디를 끌고나갔다.

"면회는 끝났소! 돌아가시오!"

"의사를 불러라! 지금 당장!"

카스투르바와 리사가 간디를 쫓아 달려 나갔지만 곧 다른 간수들에게 제지당했다. 카스투르바가 복도 저편으로 끌려가는 간디를 향해 손을 뻗으며 절박하게 외쳤다.

"여보, 힘을 내요! 신께서 당신을 지켜주실 거예요!"

면회실로 돌아와 카스투르바는 한동안 서럽게 울었다. 그녀를 위로할 말조차 떠오르지 않아 리사도 눈물만 훔쳤다. 한참만에야 카스투르바가 눈물을 그치고 리사를 바라보았다.

"리사, 펜과 종이를 구해주겠어?"

"아, 알았어."

리사가 간수에게 빌려온 펜과 종이를 이용해 카스투르바는 남편을 향해 마지막 편지를 썼다. 편지를 다 쓴 카스투르바가 그것을 리사에게 건넸다.

"리사, 이 편지를 남편에게 전해줘. 꼭 전해줘야 해."

고개를 끄덕이며 리사가 편지를 읽었다. 그것은 한 여인이 진심으로 사랑하는 남편에게 보내는 감사와 애정의 고백이었다.

제가 당신의 평생 동반자로서 또 동지로서 특권을 누릴 수 있었던 것에 당신에게 감사드립니다. 또한 성(性)이 아니라 자기 통제력을 바탕으로 세상에서 가장 완벽한 결혼 생활을 할 수 있어서 감사드립니다. 인도를 위해 바친 당신의 삶에서 저를 당신과 동등한 존재로 생각해준 것에도 감사드립니다.

당신이 도박과 경마에 빠지거나, 여자, 술, 노래에 시간을 허비하거나, 아이들이 장난감에 쉽게 싫증내듯이 부인과 자식들에게 싫증을 느끼는 그런 남편들과는 다른 분이었음에 감사드립니다.

더구나 당신이 타인의 노동력을 착취하여 재물을 축적하는 데 시간을 허비하는 그런 남편이 아닌 것을 얼마나 고맙게 생각하는지 모릅니다.

당신이 어떠한 뇌물보다도 신과 조국을 소중히 여기며, 자신의 신념에 용기를 갖고 있고, 신에 대해 완전하고 절대적인 믿음을 갖고 계심을 감사하게 생각합니다.

저보다도 신과 조국을 더 소중히 여기는 당신 같은 남편을 둔 것이 얼마나 고마운지 모릅니다.

그토록 넉넉한 살림에서 그토록 빡빡한 살림으로 우리의 생활 방식을 바꾼 데 대해 불평했던 젊은 시절의 제 결점과 저를 인내해준 데 대해 감사드립니다.

어렸을 때 저는 당신의 부모님 집에서 살았습니다. 당신의 어머니는 훌륭하고 좋은 여인이셨지요. 그분은 어떻게 하면 용감하고 용기 있는 아내가 될 수 있으며, 또 어떻게 하면 당신의 아들, 즉 제 남편에 대한 사랑과 존경을 유지할 수 있는지를 가르쳐 주셨습니다.

세월이 흘러 당신은 인도에서 가장 사랑받는 지도자가 되셨지만, 다른 나라에서 흔히 그렇듯이 남편이 성공의 사다리에 올라섰을 때 혹시 버림받지나 않을까 괴로워하는 그런 아내들의 두려움 같은 것은 제게 전혀 없었습니다.

죽어서도 우리는 남편과 아내일 것임을 알기 때문입니다.

편지를 다 읽고 난 리사는 다시 한 번 눈물을 왈칵 쏟았다. 면회실 문을 열고 나간 리사가 밖을 지키고 있던 간수에게 편지를 건네며 협박조로 말했다.

"간디가 죽는 걸 원치 않는다면 이 편지를 반드시 그에게 전해줘요. 이게 분명 그에게 큰 힘을 줄 테니까요."

간디는 감방의 침대에 누워 가쁜 숨을 몰아쉬고 있었다. 그의 눈빛은 흐리멍덩했고, 낯빛은 시체처럼 창백했다. 간디는 자신에게 시간이 얼마 남지 않았음을 직감했다. 아니, 어찌 보면 그렇게 되기를 기다리고 있었다. 그는 자신이 죽음이 인도 독립을 앞당기는 불씨가 되리라고 생각했고, 그를 위해서라면 언제든 죽을 준비가 되어 있었다.

덜커덩!

"당신 아내의 편지요."

이때 감방 문이 열리며 간수장이 편지를 전해주고 돌아갔다. 만사가 귀찮았지만 아내의 편지라는 말에 간디가 그것을 읽었다. 한참을 편지를 읽던 간디가 눈물을 터뜨렸다.

"으흐흑! 나 역시 죽어서도 우리가 남편과 아내일 것을 의심하지 않는다오!"

그 편지가 아니었다면 간디는 그날을 넘기지 못했을 것이다. 편지는 그에게 크나큰 힘을 주었다. 간디는 단식을 사흘 더 이어갔고, 결국 영국 정부는 더 이상 버티지 못하고 간디와 동지들을 석방시켰다. 인도와 즉각적인 독립 협상을 시작하겠다는 조건과 함께.

사랑하는 아내 카스투르바와 충직한 비서 라브, 그리고 리사의 부축을 받으며 간디가 아침햇살이 부시게 쏟아지는 교도소 밖으로 나왔다. 오랜 단식으로 뼈만 앙상했지만 간디의 눈만은 어느 때보다 밝게 빛났다. 교도소 앞에는 네루를 비롯한 수천 명의 인도인들이 간디를 기다리고 있었다. 네루가 눈물을 글썽이며 다가와 허리를 구부리고 간디의 손등에 입을 맞추었다.

"위대한 영혼이시여, 당신이야말로 우리 인도인들의 진정한 영웅이십니다."

"내가 아니라 여러분 모두가 영웅이오. 그리고 우리는 머지않아 독립의 꿈을 이루게 될 것이오."

네루가 간디의 팔을 번쩍 들어 올리며 군중을 향해 목청껏 외쳤다.

"간디 만세!"

군중들 사이로 거대한 함성이 들불처럼 번져나갔다.

"와아아아!"

"간디 만세!"

"인도 독립 만만세!"

뿌듯한 눈으로 간디와 카스투르바, 라브, 네루 그리고 하나로 똘똘 뭉친 인도인들을 지켜보며 리사도 느낄 수 있었다. 인도가 영국을 몰아내고 독립의 꿈을 이룰 날이 멀지 않았다는 사실을.

후우우웅-!

리사의 몸 윤곽을 따라 눈부신 빛이 떠오른 것은 그때였다. 군중들의 함성에 파묻혀 간디와 카스투르바는 점점 강해지는 빛에 휩싸이는 리사의 모습을 미처 발견하지 못했다. 친구들을 부르려다가 리사는 그만두기로 했다. 서로를 완벽하게 믿고 사랑하는 부부가 함께라면 자신이 이대로 조용히 떠난다 해도 상관없으리라 생각했기 때문이다.

"안녕…… 모한다스와 카스투르바! 너희 덕분에 서로를 존중하며 사랑하는 법을 배울 수 있었어."

풍선처럼 부풀었던 빛이 순식간에 푹 꺼지며 리사의 모습이 1945년의 인도에서 홀연히 자취를 감추었다.

"어어……!"

리사는 한밤의 놀이터로 돌아와 있는 자신을 발견하곤 당황했다. 바로 옆 그네에 앉은 찬영이 그녀의 얼굴을 빤히 바라보고 있었다.

'왜 저렇게 쳐다보지?'

잠시 과거와 현실의 경계를 헤매던 리사는 찬영이 방금 자신에게 고백했다는 사실을 기억해냈다.

"아아…… 그러니까 나는……"

리사는 뭐라고 대답해야 좋을지 몰라 망설였다.

아마 간디와 카스투르바를 만나고 오기 전이었다면 리사는 정식으로 사귀자는 찬영이의 말에 고개를 끄덕였을지 모른다. 과거로 떠나기 직전 리사는 분명 선재에게 조금쯤 실망하고 있었던 것이다. 하지만 자신이 선재에게 실망한 이유가 선재 자신과는 아무런 상관도 없다는 사실을 알게 되었기에 리사는 선뜻 대답할 수가 없었다.

"왜? 내가 싫어?"

"그, 그런 건 아니야."

"그럼 나랑 사귈 거야?"

"그러니까 그게 말이지……."

이러지도 저러지도 못하고 리사는 갈팡질팡했다.

이때 리사의 눈에 놀이터 옆을 지나가는 선재의 모습이 들어왔다.

"야, 이선재! 너 딱 걸렸어!"

리사가 구원자를 만난 사람처럼 선재를 향해 후다닥 뛰어갔다.

"너 때문에 얼마나 걱정했는지 알아? 남자 녀석이 고작 그깟 일 때문에 삐쳐서 도망치기냐?"

"도망치긴 누가 도망쳤다고 그래? 그냥 바람 좀 쐬러 나온 거야."

"웃기시네!"

"삐친 거 아니라니까."

티격태격하는 리사와 선재의 모습을 찬영이 그네에 앉아 조용히 지켜보았다. 찬영이의 입술을 비집고 나직한 목소리가 흘러나왔다

"강리사…… 네 마음이 어떻든 넌 결국 선재가 아닌 나를 선택하게 될 거야. 내가 반드시 그렇게 되도록 만들 테니까."

인도 독립의 아버지 마하트마 간디

20세기 지도자 중 가장 위대한 인물로 꼽히며 인도 독립의 역사를 말할 때 빼놓을 수 없는 사람은 바로 간디입니다. 우리가 '마하트마 간디(Mahatma Gandhi)'라고 알고 있는 이 사람의 본명은 '모한다스 카람찬드 간디(Mohandas Karamchand Gandhi)'이지요. 그런데 어째서 본명보다 다른 이름이 더 유명해진 것일까요? '마하트마'는 인도인 시인 타고르가 간디를 위해 붙인 이름으로, 인도어로 '위대한 영혼'이라는 뜻을 가지고 있습니다. 이 호칭이 정신적 지도자이자 위대한 스승인 간디에 대한 전 인도인의 호칭이 되었답니다. 인도인들이 간디를 얼마나 존경하는지 이런 부분에서도 알 수 있지요?

1. 어린시절

간디는 1869년 10월 2일 인도 서부 포르반다르에서 태어났습니다. 간디의 집안은 본래 상인 계급에 속했으나, 증조부 때부터는 지역의 유지로서 지방 왕국의 수상으로 활동한 명문가였습니다. 간디의 아버지는 배움은 없었으나 아들의 말을 믿어주고 배려하는 분이었고, 어머니는 힌두교의 교리와 전통을 성실하게 지키는 힌두교 신자였습니다. 이런 부모님 밑에서 간디는 고지식할 정도로 정직한 성격과 성실한 믿음을 지닌 사람으로 성장했습니다.

간디가 일곱 살이 되었을 때, 아버지가 라지코트의 관리가 되어 가족들은 그곳으로 이주했습니다. 간디는 라지코트의 초급학교에 다녔고, 조혼 풍습에 따라 열 세 살의 나이에 동갑내기인 카스투르바와 결혼을 했습니다. 간디가 열 여섯 살 때 첫 아이가 태어났으나 4일 만에 죽었고, 같은 해에 아버지마저 병으로 사망했습니다. 이때 간디가 아내에게 빠져 아버지의 임종을 지키지 못했다는 일화가 전해지는데 그 때문인지 훗날 간디는 자서전에서 어린 시절 결혼생활에 죄책감을 느꼈다고 고백하며 인도의 조혼풍습을 강도 높게 비판했습니다.

2. 영국 유학과 변호사 생활

1887년, 열 여덟 살의 간디는 아메다바드에서 치러진 대학 자격시험에 합격해 사말다스 대학에 입학하지만 첫 학기만 다니고 그만두었습니다. 그러던 차에 영국에서 법률을 공부하고 돌아오면 좋은 일자리와 수익이 보장된다는 권유에 따라 영국 유학을 결심하게 됩니다. 당시 영국 유학을 다녀온 청년들이 서양의 자유로운 문화의 영향을 받아 힌두교의 전통을 무시하는 일이 많았기에 집안에서는 당연히 간디의 유학을 반대했습니다. 간디는 종교에 위배되는 행동을 하지 않겠다는 맹세를 하고 9월 4일 뭄바이를 떠나 런던으로 향할 수 있었습니다.

영국에서 간디는 많은 어려움을 겪었습니다. 힌두교 전통에 따라 채식을 고집하느라 멀리 있는 식당까지 가 식사를 했고, 인도와 영국의 문화 차이, 또 유색인종에 대한 영국인들의 차별에도 맞서야 했습니다. 3년간의 유학 생활 끝에 간디는 드디어 변호사 면허를 취득했고 인도로 귀국했습니다.

간디는 뭄바이와 라지코트에서 변호사 생활을 시작했습니다. 하지만 법정에서 말 한 마디 제대로 못할 정도로 내성적인 성격 탓에 변호사로서 경험과 자질이 부족해 실패하고 말았습니다. 그러던 중, 간디는 남아프리카의 인도인 회사와 1년 계약을 맺고 남아프리카로 가게 됩니다. 그리고 바로 이곳, 남아프리카에서 간디는 인생의 커다란 전환점을 맞이하게 됩니다.

당시 남아프리카에는 약 7만 명의 인도 사람이 이주해 살고 있었습니다. 하지만 교통시설을 이용하는 사소한 문제부터 취업 등 생활하는 데 필요한 중요한 부분들까지도 백인들과 비교해 극심한 차별대우를 받고 있었습니다. 핍박받는 인도인들의 모습에 분노한 간디는 인도인의 지위와 인간적인 권리를 보호하고자 결심하고 남아프리카 연방 당국에 대한 인종 차별 반대 투쟁 단체를 만들었습니다. 또한 톨스토이 주의에 의거한 '비폭력 투쟁'의 단서를 열었습니다.

3. 남아프리카에서의 투쟁

어느날, 간디는 일등칸 표를 갖고 기차에 올랐습니다. 하지만 그를 발견한 백인 승객이 역무원을 불렀고, 역무원은 간디에게 짐칸으로 옮길 것을 요구했습니다. 간디는 표를 보여주며 일등칸에서 꿈쩍도 하지 않았고 역무원은 경찰까지 불러 간디를 끌어내고 그의 짐도 밖으로 던져버렸습니다. 이것이 바로 남아프리카의 유색인종이 처한 현실이었습니다.

나탈 의회가 인도인의 선거권을 박탈하려 한다는 소식에 간디는 나탈 지방의회와 영국 정부에 보낼 탄원서를 작성하고 수백 명의 서명을 받았습니다. 결과만 보았을 때 결국 인도인 차별법은 막지 못했으나 영국과 인도에 나탈 인도인의 문제를 알리는 데는 성공했습니다. 간디는 남아프리카에 더 머무르기로 결심하고 '나탈 인도국민회의'를 창설해 인도인의 단결심을 모으고 국제 사회에 인도인 차별 대우의 실상을 널리 알렸습니다.

이 투쟁의 기간 동안 간디는 진리를 탐구하기 위해 노력했으며, 이러한 기반 위에 살아 있는 모든 생물에 대한 비폭력·동정·자비를 중심으로 하는 간디주의를 형성할 수 있었습니다. 간디의 인종차별에 대한 비폭력 투쟁은 훗날 간디가 인도에서 전개한 독립운동의 전형이 되었습니다.

'사티아그라하'라고 부르는 이 투쟁은 1906년 아시아인 등록법을 제정한 트란스발에서 시작되어 그로부터 약 8년 동안 인두세를 비롯한 여러 차별법에 반대하기 위하여 계속되었으며, 남아프리카의 여러 주로 퍼져나갔습니다. 특히 1913년, 간디가 선두에 선, 나탈에서 트란스발까지의 '사티아그라하 행진'은 전 세계의 이목을 집중시켰습니다. 간디를 비롯한 참가자 4,000명은 남아프리카 당국에 체포당했으나, 악법을 반대하는 주장은 세계적 여론의 동정을 받았고 결국 아시아인 구제법이 제정되어 인도인에 대한 차별법은 모두 폐지되기에 이르렀습니다. 이 치열한 투쟁으로 간디는 유명인사가 되었습니다.

1915년 인도로 귀국한 간디는 남아프리카에서와 달리 정치운동에는 참여하지 않고 있었습니다. 오랜 외국생활을 통해 배우고 확립한 진리와 실천원리를 고국에서 실현할 때가 되었다고 생각한 간디는 전국을 돌아다니며 고국의 현실을 파악한 후 남아프리카에서 함께 온 사람들과 공동체를 만들었습니다. 이곳에서 간디는 자상한 아버지였고 그의 아내 카스투르바는 그들의 어머니가 되었습니다. 간디가 진실로 생각하는 무소유의 공동체에서는 누구나 일을 해야 했고 계급에 상관 없이 똑같은 월급을 받았습니다.

4. 제1차세계대전의 발발

제1차세계대전이 발발하자 간디는 인도의 독립을 촉진하기 위하여 영국의 입장을 지지했습니다. 영국은 간디에게 종전 후 자치권의 보장 등을 약속하며 인도인들을 전선에 파병시켜줄 것을 요청했습니다. 간디는 이 제안을 수락하여 인도 젊은이들을 상대로 참전 연설을 하는 등 적극적으로 영국 당국에 협조한 것입니다.

그러나 전쟁 후 영국은 자치권 등의 약속을 어기고 간디와 인도인들을 배신했습니다. 인도인들이 반발하자 영국은 오히려 반영 운동을 하면 체포영장 등의 법적 절차 없이 무조건 탄압을 가능하게 하는 롤라트법을 제정했고, 이에 간디는 사티아그라하 운동을 전개하며 맞섰습니다. 간디는 영국의 지배에 반기를 들고 전국적으로 비폭력 저항운동을 확산시키기 위하여 영국 정부로부터 받은 훈장을 반납하고 인도 곳곳을 순회하며 영국상품 불매 · 납세거부 · 공직 사퇴 등 영국에 저항할 것을 호소했습니다. 그는 물레의 사용을 권장하기도 했는데 이것은 산업화 반대의 상징, 즉 현대문명에 대한 비판이었습니다.

이러한 저항의 과정에서 간디는 국민이 희생되는 것과 국민들이 스스로 폭력을 쓰는 것을 두려워했습니다. 그러던 중 그만 우려하던 일이 벌어지고 말았습니다. 1921년, 웨일즈 왕자가 인도를 방문했을 때 뭄바이에서 폭력사태가 일어난 것입니다. 수많은 사람들이 죽거나 다쳤고, 이 모습을 본 간디는 납세 거부 운동을 멈췄습니다. 하지만 인도국민회의의 네루 부자를 포함해 3만 여 명의 사람들이 정치범으로 투옥되었습니다. 간디는 비폭력의 원칙을 지켜줄 것을 국민들에게 부탁했지만 이후 또 한번의 폭력사태가 일어났고 그는 국민들이 사티아그라하를 이해하지 못함을 슬퍼하며 영국에 대한 비협조 운동을 중단했습니다.

1922년 저항운동은 멈췄으나 인도 시민들의 독립운동에 위기를 느낀 식민정부는 재판을 회부했고 3월 18일 간디는 아메다바드 법정에 섰습니다.

"나는 석방되더라도 똑같이 행동할 것입니다. 법적으로는 고의적인 범죄에 해당하지만, 나로서는 국민의 최고 의무를 다했을 뿐입니다. 나는 내게 주어질 수 있는 최고형을 요청하며, 그 형을 달게 받기 위해 이 자리에 섰습니다."

결국 간디는 '선동죄'로 징역형을 선고받았습니다. 하지만 이 시기에 간디는 인도 국민회의의 최고 지도자가 되었으며 인도 국민의 정신적 등불이 되었습니다. 1924년 보석으로 풀려난 후에는 물레 사용 장려 운동으로 인도인의 자력에 의한 농촌 구제에 나설 것을 역설하면서 전국을 순회하기도 했습니다.

5. 제2차세계대전

1930년 초, 예순이 넘은 간디는 노령을 이유로 일선에서 물러났습니다. 하지만 인도는 아직 그를 필요로 했고 간디는 다시 소금세 신설 반대운동을 벌였습니다. 이 운동으로 간디는 다시 감옥에 갇혔고, 석방된 후 어윈 총독과 간디어윈 협정을 체결하여 반영 불족종 운동을 중지했습니다. 하지만 영국 정부의 탄압은 계속 되었고 정부에 항의하기 위한 불복종운동을 재개했다가 다시 투옥되었습니다. 간디가 다시 석방된 건 1932년이 되어서였습니다.

1939년, 제2차세계대전이 발발하자 영국은 인도의 찬성을 얻지도 않고 인도인들을 전쟁에 투입했습니다. 간디는 다시 민족운동의 앞에 서서 나치의 잔학성에 항거할 것을 호소하는 한편 이 기회를 이용해 영국 정부로부터 완전독립의 약속을 얻어 내려고 노력했으나, 상반된 이해관계로 타결을 보지 못했습니다. 1942년, 국민회의파는 영국 세력의 즉각적인 철퇴를 요구하며 대규모 반영 불복종운동에 돌입했습니다. 이로 인해 간디는 일흔 셋의 노령으로 다시 체포되어 1년 9개월의 옥고를 치러야만 했고, 이 와중에 아내 카스투르바가 세상을 뜨고 말았습니다.

6. 인도 독립과 마지막 투쟁

전쟁이 끝난 후에 간디는 인도를 하나의 거대한 감옥으로 보고 전쟁과 굶주림으로 거칠어진 인심에 용기와 희망을 불어넣기 위하여 인도의 여러 곳을 순회했습니다. 이 과정에서 간디는 힌두교를 신봉하는 인도 남부와 이슬람교를 믿는 인도 북부(파키스탄)의 화해에 따른 인도통일의 필요성을 역설했습니다.

한편 끈질기게 버티던 영국은 1947년 드디어 인도에 주권을 넘겨주었습니다. 그런데 통일 인도를 기원하던 간디의 염원과는 상관없이 인도의 대정당인 국민회의파와 전인도 이슬람연맹이 인도를 둘로 분할 독립할 것을 합의해버렸습니다. 끝내 무슬림의 파키스탄과 힌두의 인도가 분리 독립되는 독립식에 간디는 참석하지 않았으며, 인도 전역에서 힌두교도와 이슬람교도 간의 대립이 더욱 격화되었습니다. 이런 상황에서도 간디는 무슬림과 힌두의 융합을 외치며 인도 전역을 누볐습니다.

이때 간디의 나이 일흔 여덟이었습니다. 그는 고령에도 불구하고 힌두교도와 이슬람교도 간의 소동이 가장 격화되어 있던 벵갈로 가 두 종교 간의 화해를 위한 활동을 계속했습니다. 이듬해인 1948년 1월, 이 활동의 행선지를 뉴델리로 연장하여 뉴델리의 소요를 진압하는 데도 성공했지만 여기까지가 끝이었습니다.

간디의 설교는 무슬림과 힌두 어느 쪽으로부터도 지지를 받지 못했습니다. 간디가 아무리 위대한 인물일지라도 힌두교 광신자들에게는 카스트를 부정하고 이슬람교를 인정하는 간디가 적으로 보일 수밖에 없었습니다.

1948년 1월 30일 간디는 결국 힌두교도 나투람 고두세에게 피살당하고 말았습니다. 힌두와 이슬람의 융합을 반대하는 과격한 힌두교도의 테러였습니다. 최후의 순간 라마 신의 이름을 부르며 저세상으로 떠난 간디는 이미 이런 일이 있을 것을 예측하고 있었습니다. 1월 26일 그는 친구들에게 이렇게 말했다고 합니다.

"만일 내가 광신자의 총탄에 죽게 되면, 웃으며 죽어갈 것입니다. 그런 일이 일어나더라도 결코 눈물을 흘리지 마십시오."

죽음조차 두려워하지 않고 오직 조국 인도의 독립과 통일을 위해 헌신했던 간디는 지금까지도 인도 독립의 아버지로 추앙을 받고 있습니다.